Sangre Kosher

unverkäufliches
LESEEXEMPLAR

PENSER PULP

HERAUSGEGEBEN VON THOMAS WÖRTCHE

María Inés Krimer

Sangre Kosher

Ruth Epelbaum
und die Zwi Migdal

Aus dem argentinischen Spanisch von
Peter Kultzen

DIAPHANES

Für Oscar

I

Als das Telefon läutete, sah ich mir gerade den *Paten* an. Es war Lea, sie teilte mir mit, dass Rosita beim Friseur gestorben war. „Sie waren gerade mit Färben fertig", sagte sie. Ich legte auf. Ich betrachtete die Baumkrone draußen vor dem Fenster. Das Licht drang durch das Laub und fiel auf den Gehweg. Ich stellte den Fernseher aus. Ich wusste nicht, was ich anziehen sollte. Ich sah im Stadtplan nach, wo die Aufbahrungshalle lag. Ich schminkte mich wie im Schlaf, betupfte blindlings die Farbdöschen in dem Plastiketui. Dann rief ich Gladys an. Meine *shikse* machte einen betroffenen Eindruck. Sie fragte, ob meine Kusine einfach so gestorben sei. Ich sagte, das wisse ich nicht, sie solle mir für den Abend eine Suppe machen.

Die Aufbahrungshalle war in der Calle Loyola. Ich hatte die Brille vergessen, aber als ich es merkte, war es zu spät. Ich kämmte mich, wischte mir mit einem Kleenex über den Hals und steckte mir einen sauren Drops in den Mund. Beim Reingehen stieß ich mit einem Mann zusammen, der in der Tür stand. Er war fast zwei Meter groß. Nicht nur, dass er so groß war, beeindruckte mich, auch, dass er zu seinen grauen Hosen ein graues Hemd und graue Strümpfe trug. Unter der *jarmulke* kam eine blonde Strähne hervor. Ich erschauerte, das war aber gleich wieder vorbei, denn im selben Augenblick fiel mir eine Frau um den Hals. Auch das noch, sagte ich mir beim Anblick ihrer lila-gelben Bluse. Wenn bei einer Trauerfeier keiner aus der Familie des Verstorbenen das Heft in die Hand nimmt, ist jedes Mal sofort eine *kurva* wie die hier zur Stelle, um die Sache an sich zu reißen. Ich befreite mich aus ihren Armen. Der Geruch von Chrysanthemen und Nelken stieg mir in die Nase, gemischt mit einem Hauch Kenzo. Ich zuckte zusammen, als sie sagte: „Ich nehm an, du willst sie sehen." In der Halle brannten zwei große Kerzen, die Wände waren mit Holz vertäfelt, die Decke grau gestrichen. Auf der einen Seite standen Bänke aus Beton mit kleinen Sitzkissen, auf der anderen Stühle. In der Mitte der Sarg auf schmiedeeisernen Füßen.

Ich trat näher. Auf dem Deckel lag ein dunkles Tuch. An einem der Griffe war ein Spritzer, ich wischte ihn mit dem Finger weg. Danach ging ich auf die Toilette und wusch mir die Hände.

Rositas Freundinnen trugen Blusen mit Schulterpolstern und flache Schuhe. Manche von ihnen sahen mich missbilligend an. „Das ist die Kusine aus der Provinz", flüsterten sie sich zu. Eine kam zu mir und sagte: „Herzliches Beileid." Als wäre das nicht genug, trat sie anschließend ein Stück zurück, gab mir die Hand und sagte, für ihr Alter sei Rosita ganz schön eitel gewesen. Eine andere fragte, ob ich Rentnerin sei.

Dann kamen zwei Männer, die Papa gekannt hatten. Sie erinnerten sich noch an seinen Laden in der Calle San Martín. Sie fragten, seit wann ich in Buenos Aires wohnte. Als ihre Neugier befriedigt war, fingen sie an, sich miteinander zu unterhalten. Sie klopften sich gegenseitig auf die Schulter und legten los. Zuerst sah es so aus, als hätten sie mit weiß Gott was für Geschichten aufzuwarten, doch schon bald standen sie bloß schweigend da, die Hände in den Hosentaschen, und wippten auf den Zehenspitzen.

Eine kleine Frau im Hosenanzug kam zu mir und küsste mich. „Weißt du, wer ich bin?", fragte sie. Sie war die Sekretärin der *kehillah* von Concordia. Ich hatte in Concordia Vorträge über die Zeit der Zwangsprostitution osteuropäischer Frauen gehalten. Manchmal waren sie von ihren eigenen Familien dafür hergegeben worden. Ihr Schicksal schien allerdings niemanden zu interessieren. Mit der Zeit hatten meine Vorgesetzten mir immer stärker nahegelegt, mir andere Themen für meine Vortragsabende zu suchen und mich ansonsten auf meine eigentliche Arbeit als Archivarin zu konzentrieren. Künftig sollte ich also wieder über Kandelaber, historische Fotos oder Spucknäpfe sprechen. Das konnte nur schiefgehen.

Lea fing an zu schluchzen. Sie ist eine Kusine von mir, väterlicherseits, und meine einzige Verwandte in Buenos Aires. Ich ging zu ihr, um sie zu umarmen. In der Hand hielt sie einen Kranz mit der Aufschrift „In ewigem Angedenken. Deine Familie." Im nächsten Augenblick hatte ich den Kranz in der Hand, während Lea davon sprach, dass es mit ihrem Laden, *Tatekosher*, unaufhaltsam bergab ging. Wenn sich nicht bald etwas änderte, würde sie dichtmachen müssen. Sonntags verkaufe sie genauso viel wie unter der Woche. „Und heute ist Donnerstag", sagte sie, als wäre ich schuld daran. An Rosita, die in der Mitte des Saales aufgebahrt war, schien sich da schon niemand mehr zu erinnern.

Ich legte den Kranz vor den Sarg und ging in die Küche. Ich stellte mich in eine Ecke, neben den Gasherd, und lehnte den Kopf an die Metallkante des Geschirrschranks. Auf der Arbeitsplatte standen eine Kaffeemaschine, eine rote Thermoskanne und Plastikbecher, mehrere davon offensichtlich bereits benutzt. Vom Herd kam ein leises Zischen. Alle Flammen waren zugedreht, wie ich feststellte.

Ich spürte das Bedürfnis, mich sauberzumachen, nahm eine Serviette und wischte mir damit über Stirn, Nase, Hals. Das Papier wurde immer grauer. Ich goss mir Kaffee ein. Biss in einen Keks. Da erschien die Frau mit der lila-gelben Bluse in der Tür.

„Jemand sucht dich."

Der Mann, den ich beim Ankommen gesehen hatte, musste den Kopf einziehen, um die Küche zu betreten. Er beugte sich noch weiter vor und umarmte mich. Ohne die Hände von meinen Schultern zu nehmen, trat er ein Stück zurück.

„Ruth Epelbaum?"

Ich nickte.

„José Gold", stellt er sich vor. „Chiquito."

Es sah aus, als würde er gleich ohnmächtig werden.

Ein Mann vom Bestattungsunternehmen kam und deutete auf seine Armbanduhr. Wir gingen in die Halle zurück.

Eine lange Reihe glänzender Autos. Im ersten hatte Rosita Platz gefunden. Auf dem Pritschenwagen hinter ihr gingen mehrere Kränze fast unter inmitten von so viel schwarzem Chrom und schweren Bronzebeschlägen. Ich bestieg das Auto ganz am Ende der Reihe, in dem schon zwei Nachbarinnen Rositas saßen. Eine kurze Weile standen alle Autos einfach nur da, dann setzte sich die Kolonne in Bewegung. Zunächst ging es durch die Avenida General Paz, Richtung Riachuelo. Auf der Saavedra-Brücke war dichter Verkehr, und unser Auto wurde abgehängt. Spruchbänder. Taxiunternehmen. Pensionen. Lastwagen voll leerer Flaschen. Bei einer Fleischerei bogen wir in die Avenida Crovara und fuhren bis zur Hausnummer 2800. Dort begann die Friedhofsmauer.

Zu beiden Seiten des Eingangs erhoben sich Säulen. Darüber zwei weiße Kuppeln. Die Zypressen bewegten sich im Wind. Die Männer bedeckten ihre Köpfe. An der Stirnwand der Haupthalle stand eine Menora mit dem Davidsstern. Als sich alle eingefunden hatten, erschien der *chasn*. Er presste ein schwarz gebundenes Buch an seine Brust und sagte, es müsse schnell gehen, gleich nach uns komme schon das nächste Begräbnis. Lea trat zur Seite und suchte auf einem Computerbildschirm nach der genauen Grabstelle. Wir bestiegen einen kleinen Wagen. Ich drehte mich um. Ein paar Meter hinter mir drückte Chiquito Gold sich die *jarmulke* auf den Kopf.

Ein Vogel kam senkrecht herabgeschossen. Kurz bevor er auf dem Boden aufschlug, breitete er die Flügel aus. Wir bewegten uns zwischen den Marmorplatten vorwärts. Ich erinnerte mich an die Beerdigung eines Cousins von Papa. Ich war damals zwölf. Während letzte Hand an die Leiche gelegt wurde, nutzte ich die Zeit, um ein paar Grabplatten jenseits der Friedhofsmauer in Augenschein zu nehmen. Ich trat zu einer rostigen Tür, öffnete sie, streckte den Kopf hindurch und sah mich um. Die Gräber auf der anderen Seite unterschieden sich nicht im Geringsten von denen, zwischen denen gleich mein Verwandter beerdigt werden sollte. „Du machst dich ganz schmutzig", sagte Mama und zerrte mich zur Trauergruppe zurück. Ich kam nicht mehr dazu, zu fragen, wem die Gräber jenseits der Mauer gehörten. Manche waren halb zerstört, von Regen und Wind zerfressen. Erst später erfuhr ich, dass dort die Bösewichter der Zwi Migdal begraben lagen. Im Archiv gab es einen Artikel dazu, aus dem *Mundo Israelita*: „Unsere Gemeinschaft hat den Kaften sämtliche Tore verschlossen. Und weil sie ihnen damit verweigert, was andere Religionen nicht einmal den zum Tode Verurteilten verweigern, sahen sich die Mädchenhändler gezwungen, einen eigenen Friedhof anzulegen."

Ob ich mir damals hätte vorstellen können, dass dieser andere Friedhof mich eines Tages dazu bringen würde, diese Geschichte noch einmal aufzurollen? In jedem Leben überschneiden sich zahllose andere Leben. Auch jetzt schien die Gegenwart durchströmt von der Vergangenheit. Im Vorbeifahren versuchte ich vom Karren aus die Namen auf den Grabsteinen zu erkennen. Aber ich konnte die hebräischen Schriftzeichen nicht so schnell entziffern, und die dazugehörigen Fotos waren verblasst. Der Wagen bog links ab. Ich sah auf. Der Himmel war immer noch strahlend blau. Als ich den Blick wieder senkte, war ich bloß noch einen halben Meter von der geöffneten Grabstelle entfernt. Chiquito Gold stand neben mir und weinte wie ein Kind.

„Meine Tochter ist verschwunden", sagte er.

2

Jede Stadt besteht in Wirklichkeit aus mehreren Städten, das habe ich immer wieder festgestellt. Sobald man sein übliches Viertel verlässt, verschwinden die gewohnten Gesichter, und auf einmal sieht man lauter Leute, die man längst vergessen oder für tot gehalten hatte. Diese schwindelerregende Erfahrung machte ich einmal mehr in der Calle Libertad. Eine Weile stand ich bloß da und betrachtete den Obelisk. Dann kaufte ich an einem Kiosk neue Bonbons. Auf der Markise des Juweliergeschäfts war in grünen und roten Buchstaben dessen Name zu lesen. In dem einen Schaufenster waren Ringe, Armbänder und Halsketten. In dem anderen Rolex-Uhren. Ich verglich die Adresse mit der auf dem Zettel in meiner Handtasche und ging hinein. Der Boden war schwarz-weiß gefliest. Am anderen Ende ein grauer Vorhang vor einer Tür. Ein Tresor. Eine Verkaufstheke. Dahinter ein Angestellter, der sich perfekt in die Umgebung einfügte. An der Wand über ihm das Bild eines

Mannes, der wie ein Rabbiner aussah: dunkle Kleidung, weißer Bart, Schläfenlocken.

In dem Gang, der sich neben der Theke auftat, erschien Chiquito Gold. Abgerissen, unrasiert, der reinste *schmatte*. Das graue Hemd hing aus der grauen Hose, die ihm um die Hüften schlotterte. Die Schnürsenkel hatte er nicht zugebunden. Die blonde Haarsträhne klebte an seiner Stirn. Es war nicht zu übersehen, in welchem Zustand er sich befand. Er riss die blauen Augen auf, starrte mich an, als würde er mich nicht kennen, und sah zu seinem Angestellten. Ich folgte seinem Blick. Der Mann rührte sich nicht. Er hatte gemerkt, dass ich reingekommen war, die Augen aber in keinem Moment von einer vor ihm liegenden Fassung und mehreren Perlen abgewandt. Er war sehr dick. Blinzelte nie. Eine Hand hatte er erhoben, als wollte er nach etwas greifen. Die wulstigen Finger hingen reglos hinab, konnten sich aber, das war offensichtlich, jeden Augenblick in Bewegung setzen.

Chiquito Gold führte mich durch den Gang zu seinem Büro und forderte mich auf, einzutreten.

Ich ging hinein, er folgte mir, dann schloss sich die Tür. Es roch nach Putzmittel und Raumspray. Der Boden war mit Teppich ausgelegt. Es gab einen Kleiderständer mit Bronzeverzierungen. Einen Kalender mit einer Beduinenfrau am Strand von Eilat. Die Klimaanlage brummte. Ich ließ mich auf einem Drehstuhl nieder. Die plötzliche Stille, nach dem Lärm auf der Straße, wirkte seltsam, als wäre die Zeit stehengeblieben. Kein angenehmes Gefühl.

Chiquito ging um seinen Schreibtisch herum, setzte sich auf einen Kunstledersessel, beugte sich vor, sah mich mit trüben Augen an und lächelte schief.

„Gar nicht so einfach, hierherzukommen, was?"
„Vor allem um die Uhrzeit."
„Sie wissen gar nicht, wie dankbar ich Ihnen bin", sagte er.
„Rauchen Sie?"
„Nein."
„Recht haben Sie."
Er legte eine Packung Marlboro auf den Tisch.
„Wie kann ich Ihnen helfen?", fragte ich.
„Lea hat Sie empfohlen."
Er zündete sich eine Zigarette an, zog daran. Sah zur Tür.
„Sie hat gesagt, Ihnen kann ich vertrauen."
„Natürlich."
„Sie haben früher Vorträge über die Mafia gehalten, *nu*?"
Manchmal fragte ich mich, woher mein Interesse an der Zwi Migdal stammte. Die Figuren und Geschichten, die sie zu bieten hatte, übertrafen an Phantastik alles, was sich ein Schriftsteller hätte ausdenken können. Jedes Mal wenn ich nachmittags allein im Archiv saß und wartete, dass vielleicht das eine oder andere Kind nach der *shul* bei mir vorbeisah, nahm ich mir ein neues Kapitel dieser Geschichte vor, die ich aus irgendeinem Grund auch als die meine betrachtete. Außerdem versuchte ich, mich dadurch für meine feuchte Zwei-Zimmer-Wohnung, die Zeitungsstapel auf dem Schreibtisch, die Kakerlake, die Morgen für Morgen durch meine Küche spazierte, und meine unmäßige Neigung zu Süßspeisen zu entschädigen.

Auch mit den Beziehungen zu den Vorgängerorganisationen der Zwi Migdal beschäftigte ich mich, mit der *Varsovia*- und der *Asquenasum*-Gesellschaft, und mit ihren Privatfriedhöfen und der geheimen Synagoge in der Calle Córdoba. Und damit, wie die jüdischen Gemeinden sich gewehrt hatten, unter anderem, indem sie Plakate an die Türen ihrer Läden hängten: „Kaften werden hier nicht bedient." Und mit den Anzeigen, die von geflohenen Frauen erstattet und von sämtlichen zuständigen Richtern, Staatsanwälten und Polizisten gleichermaßen abgewiesen worden waren. Und mit Raquel Liberman, der man 1929 einreden wollte, ihre Ersparnisse hätten sich in Luft aufgelöst, um ihr anschließend zu drohen, man werde ihr das Gesicht zerschneiden, falls sie ihre Anzeige nicht zurückziehe.

Chiquitos Angestellter kam herein. Er brachte ein Tablett mit zwei Tassen Tee. Jetzt kam er mir jünger vor, vielleicht dreißig Jahre alt. An seinem Hemd war ein Namensschild. Osvaldo Caro, las ich, während er uns Tütchen mit Süßstoff und richtigem Zucker reichte. Ich sagte, ich trinke den Tee ohne alles, und nahm meine Tasse vom Tablett. Dabei sah ich Osvaldo Caro die ganze Zeit an. Es wirkte nicht gerade beruhigend, dass er weder beim Reinkommen noch beim Rausgehen ein Wort sagte.

Chiquito riss ein Tütchen Süßstoff auf, schüttete ihn in seine Tasse und rührte um. Er wollte sie schon zum Mund führen, doch dann stellte er sie wieder ab.

„Sie heißt Débora."

Er griff nach einem Bilderhalter und drehte ihn zu mir um.

„Meine Kleine, mein *shein meidale.*"

Auf dem Foto sah man ein Mädchen, das auf dem Río de la Plata parallel zum Ufer ruderte. Das Foto war am späten Nachmittag aufgenommen, und im Helldunkel der Dämmerung hoben sich der Himmel und das Wasser und die kleine Bugwelle des Ruderboots deutlich voneinander ab. Eine jüdische Prinzessin, kein Zweifel. Breites Lächeln, langes Haar, dunkle Augen, die in die Kamera starrten. Obwohl das helle T-Shirt und die weit geschnittenen Shorts ihre Figur verschleierten, hätte allein der Anblick der nackten Beine wohl mehr als einen Betrachter *meschugge* gemacht. Ich konzentrierte den Blick auf ihr Gesicht: Wenn aschkenasisches und sephardisches Blut zusammenkommt, ergibt das oft solche Schönheiten. Bei den Königin-Esther-Schönheitswettbewerben räumen sie regelmäßig sämtliche Titel ab und bei allen Zeltlagern und Makkabiaden ist niemand so umschwärmt wie sie.

Die Packung Marlboro lag immer noch auf dem Schreibtisch. Obwohl ich den Zigarettenkonsum irgendwann durch den Verzehr von Süßigkeiten ersetzt hatte, spürte ich zum ersten Mal seit Jahren wieder das Bedürfnis, Rauch einzuatmen. Dieses Mädchen hätte meine Tochter sein können. Einmal war ich schwanger gewesen. Wäre es ein Mädchen geworden, hätte sie Clara geheißen, für einen Jungen hatten wir noch keinen Namen. Hugo und ich beschlossen damals aber, die Schwangerschaft abzubrechen. Ich sehe die Szene noch heute vor mir: Den Arzt mit den penibel sauberen Fingernägeln. Die Krankenschwester, die mich hinter einen Wandschirm führte, wo sie mir einen blauen Kittel anzog und die Füße zusammenband. Etwas später weckten mich ein paar sanfte Schläge mit dem Handrücken. Meine Beine waren unter dem Kittel ganz warm. Ich richtete mich auf. Alles war vorbei. Drei Monate später war es auch mit meiner Ehe vorbei. Mein Mann wurde mit den Schuldgefühlen nicht fertig. Ich auch nicht.

Chiquito zündete sich die nächste Zigarette an und warf das Streichholz in die Teetasse. Er öffnete die Schreibtischschublade und holte einen Umschlag heraus. Darin war noch ein Foto. Er gab es mir.

„Das habe ich in ihrem Schlafzimmer gefunden."

Man sah ein Paar, das Händchen haltend unter einem Sonnenschirm saß. Der Mann trug orangefarbene Bermudashorts, die Frau einen geblümten Bikini. Das Bild war leicht verwackelt und mit einer Reihe glitzernder Zahlen und Buchstaben verziert. Ich setzte die Brille auf. Mein erster Eindruck hatte mich nicht getäuscht: Débora war eine Wucht. Und der Junge ein wahrer Adonis – schwarze Haare, kräftige Arme und Schultern. Ein richtiger *shvartser*, mit allen dazugehörigen Muskeln und Hormonen.

„Das ist Willie", sagte Chiquito. „Ihr Fitnesstrainer. Débora hat ihn im Sportstudio kennengelernt."

Ich legte das Foto auf den Tisch.

Chiquito zog an der Zigarette. Graue Asche fiel auf die gelbe Schreibtischoberfläche. Vom Gang drang der Geruch nach heißem Bratfett ins Zimmer.

„Sie wollten in ein Wochenendhaus in El Tigre fahren, im Paraná-Delta."

„Woher wissen Sie das?"

„Das hat mir jemand gesagt."

„Vielleicht feiern sie ja noch."

„Débora ist nicht so", sagte Chiquito, „sie würde nie so lange wegbleiben, ohne Bescheid zu geben."

„Wie lange haben Sie schon nichts mehr von ihr gehört?"

„Seit einer Woche."

Er kippelte auf dem Stuhl nach hinten.

„Haben Sie die Polizei benachrichtigt?", fragte ich.

„Ich will nicht, dass die Sache bekannt wird", sagte er. „Ihre Mutter ist am Boden zerstört. Außerdem sind bald Gemeindewahlen."

Er stand auf, ging hinaus und kam mit einer Flasche Wasser zurück. Er goss zwei Gläser voll. Seine Hand zitterte.

„Ich kandidiere für die Opposition." Er trank einen Schluck Wasser und setzte sich wieder hin. „Es gäbe einen Riesenskandal in der *kehillah*."

Ich nickte. Ich wusste, wovon er sprach. Auch in Paraná hatten sich die Gemeindevorsteher bei der Aufstellung der Kandidatenlisten jedes Mal gegenseitig fast die Augen ausgekratzt.

„Mal sehen, was ich herausfinden kann", sagte ich und schrieb mir die Adresse des Fitnessstudios auf.

Chiquito Gold zog die Brieftasche hervor.

„Was die Kosten angeht", sagte er, „sollen Sie nicht denken, dass ich ausnutzen will, dass Sie eine von uns sind."

„Ich bitte Sie, bloß keine *mayse*."

Er legte ein Bündel Scheine auf den Tisch und sah zu, wie ich sie zählte und in meine Brieftasche steckte. Dann stand er auf, beugte sich vor und umschlang mich mit den Armen.

„Ich wusste, dass ich mich auf Sie verlassen kann."

Ich steckte die Brieftasche ein, verabschiedete mich und ging zur Tür. Dort drehte ich mich noch einmal um. Er hatte die Arme vor der Brust gekreuzt und blickte verloren drein wie der Rabbiner auf dem Foto.

3

Ich sah im Stadtplan nach, wo das Fitnessstudio lag. Dann schaltete ich den Fernseher ein: Angenehmes Wetter, zwanzig Grad. Ich füllte eine Flasche mit Wasser, zog mir einen Jogginganzug und Turnschuhe an und steckte das Foto und die Flasche in meinen Rucksack. Bald darauf ging ich die Avenida Santa Fe entlang. Vor dem Eingang eines Supermarkts stand eine Frau und bettelte. Sie war in eine Decke gewickelt und hielt ein kleines Kind im Arm. Verkaufsstände auf dem Gehweg behinderten den Durchgang. Schaufenster voller Spielzeugtiere, Strumpfhosen und Behälter zum Aufbewahren von Gemüse. Ich umkurvte die Schlange vor einem Geldautomaten. Als ich ankam, war ich erschöpft. Das Fitnessstudio hatte einen Aerobicsaal mit Laminatboden. An den Wänden waren Spiegel und Stangen. Im Untergeschoss befand sich der Fitnessraum. Ergometer. Hantelbänke. Kraftstationen. Und an einer Bretterwand, hinter der offensichtlich gebaut wurde, hing ein Schild mit der Aufschrift: In Kürze hier auch Pilates.

Eine junge Frau mit Kunststoffbrüsten sah durch mich hindurch. Kein Wunder. Ich bin groß und kein bisschen attraktiv. Die Männer haben mich noch nie wahrgenommen, für sie war ich immer unsichtbar. Ich weiß noch genau, wie sie jedes Mal einen Blick auf die Uhr warfen oder ihre Terminkalender zückten, kaum dass sie mich bei meinen Vortrags- und Forschungsreisen durch die Provinz aus dem Bus steigen sahen.

Seit der Zeit im Archiv hatte ich keine Beziehungen mehr gehabt. Damit meine ich nicht nur sexuelle Beziehungen, für mich bedeutet dieses Wort eine ganze Menge mehr. Ich würde es auch nie einfach so verwenden, anders als Frauen, die besonders modern wirken möchten und deshalb dauernd von ficken sprechen. Sag mir, womit du am lautesten angibst, und ich sage dir, was dir am meisten fehlt. Es war einfach so, dass ich nicht zuhörte, wenn die Männer mit mir sprachen, und sie hörten offenbar auch nicht zu, wenn ich mit ihnen sprach.

Was nicht heißt, dass Männer mir nicht mehr gefallen würden.

„Zu wem möchten Sie?"

Auch das war seit der Zeit im Archiv so: Wenn mir jemand unerwartet eine Frage stellte, war ich jedes Mal wie vor den Kopf geschlagen und hatte keine Ahnung, was ich antworten sollte. Vor allem wenn ich gerade dabei war, mich in Schwierigkeiten zu bringen.

„Willie", fiel mir plötzlich wieder ein.

„Der kommt gleich", sagte die junge Frau.

Ich setzte mich an die Bar und bestellte eine Cola. Als das Glas vor mir stand, erschien Willie im Eingang. In Muskelshirt,

Shorts und Turnschuhen mit Luftpolstern. In echt sah er noch viel besser aus als auf dem Foto. Brustkorb. Schultern. Arme. Kein Wunder, dass Débora den Kopf verloren hatte – man hätte aus Stein sein müssen, um so einen Mann nicht anfassen zu wollen. Mit Grausen stieg die Erinnerung an den wabbligen Osvaldo Caro in mir auf, der sich über die Perlenfassung auf der Theke beugte, die wulstige Hand griffbereit erhoben. Ein bisschen Gymnastik hätte ihm wirklich nicht geschadet. Wie man so sagt: Auch Gesundheit kann ansteckend sein.

Willie gab der Empfangsdame einen Kuss und kam dann durch den Eingangsbereich auf mich zu. Beim Gehen verlagerte er bei jedem Schritt lässig das Gewicht.

„Ich suche Débora", sagte ich.

Willie blieb schlagartig stehen.

„Débora? Ich kenne keine Débora."

Ich hielt ihm das Foto hin.

„Entschuldigen Sie." Er warf einen Blick auf die Uhr. „Ich muss jetzt einen Kurs geben. Wenn Sie wollen, unterhalten wir uns nachher."

Ich griff nach meinem Rucksack.

„Wissen Sie, wo Débora sein könnte?"

Er verschwand wortlos in Richtung Aerobicsaal.

Ich stand auf und ging zurück zum Empfangstresen. Darauf lag ein Stapel Prospekte: „Was Sie schon immer über Fitness wissen wollten." Auch das ist mir aus der Zeit im Archiv geblieben: Egal was für eine Art von bedrucktem Papier in meine Reichweite kommt, ich kann nichts ungelesen lassen. Also nahm ich mir einen der Prospekte. „Wer viel mit Hanteln arbeitet, wird auch in Aerobic immer besser. *Falsch*. Bänder und Muskeln können durch die starke Beanspruchung sogar geschädigt werden." Die Frau mit den Kunststoffbrüsten sah sich unterdessen einen Videofilm an. Da ich die Zeit bis zu Willies Rückkehr rumbringen musste, schloss ich mich ihr an. Die Kamera wanderte eine Treppe hinauf. Eine Frau schwang ihr Bein über eine Stange. Eine andere hielt ein Paar rote Knöchelschoner in die Kamera, streifte sie sich über, ging in den Vierfüßlerstand und fing an, Poübungen zu machen. An der Wand hinter ihr hing ein großes Plakat mit dem Namen des Fitnessstudios. Dazwischen wurde Werbung für Vitaminpräparate und Nahrungsergänzungsmittel eingeblendet. Das Telefon klingelte. Die Frau unterbrach den Film.

Als das Gespräch beendet war, fragte ich:

„Und, was gibt's hier so für Kurse?"

Sie deutete auf eine Wochenübersicht.

Ich meldete mich für eine Fitnessgruppe an.

Die Musik, die aus dem Aerobicsaal kam, war auch hier noch dröhnend laut. Halb betäubt hörte ich dazwischen Willies Stimme: „Bewegt den *toches*, Mädchen." Ich wunderte mich, ausgerechnet hier diesem Wort zu begegnen, viel Zeit, um darüber nachzudenken, blieb mir aber nicht, denn in dem Augenblick kam eine Blondine mit hellen Augen herein. Sie trug enge Jeans, ein Lycra-Shirt und hochhackige Sandalen. Die durchtrainierten Muskeln an ihren stämmigen Beinen zeichneten sich deutlich ab. „Mann, bin ich verfressen", kreischte die *kurva* zur Begrüßung und gab der Frau mit den Kunststoffbrüsten ein Küsschen, „gerade hab ich drei

Croissants hintereinanderweg verputzt, einfach so." Ich stieg die Treppe zu den Umkleideräumen hinauf und betrachtete mich im Spiegel. Auch ich war dick geworden. Schließlich stopfte ich ständig Bonbons in mich hinein. Ich kam nicht dagegen an. Und das bei meinen Cholesterinwerten. Aber wen interessierte das schon? Außerdem gibt es Schlimmeres. Eine Frau mit indianischen Gesichtszügen, wahrscheinlich aus Bolivien, kam herein und fing an, den Boden zu fegen. Als sie fertig war, öffnete sie die Fenster. Draußen drehte sich langsam ein Kran, er erinnerte an einen großen müden Vogel. Die Sonne stand inzwischen hoch am Himmel, das blasse Gelb vom Morgen war einem glühenden Weiß gewichen. Die Bolivianerin ließ Wasser in einen Eimer laufen. Mit einer raschen Kopfbewegung warf sie ihren Pferdeschwanz zurück. Dann schleppte sie den Eimer bis in die Mitte des Raums und setzte ihn ab. Ich ging zu ihr und zeigte ihr das Foto.

Sie betrachtete es aufmerksam.

„Die Kleine kommt immer abends."

Sie ergriff den Eimer und schleppte ihn weiter. Ich ging hinter ihr her, nahm fünf Pesos aus meiner Geldbörse und steckte sie ihr in die Tasche.

„Sie war mit Willie und dem Glatzkopf unterwegs", fügte die Bolivianerin hinzu.

Am anderen Ende des Raums angekommen, stellte sie den Eimer wieder ab, holte den Lappen heraus und wrang ihn mit beiden Händen aus. Dann fing sie an zu wischen. Die Arbeit schien sie völlig in Beschlag zu nehmen – offensichtlich würde ich kein Wort mehr aus ihr herausbekommen. Als ich gerade gehen wollte, richtete sie sich auf.

„Warten Sie", sagte sie.

Sie schlüpfte in eine der Toilettenkabinen und schloss hinter sich ab. Wenig später hörte ich die Spülung. Gleich darauf kam sie wieder raus und sah sich in alle Richtungen um.

Dann ergriff sie den Wischlappen und deutete damit auf die Treppe.

Ich ging in den Fitnessraum hinunter und erblickte einen ungewöhnlichen Glatzkopf, nicht nur weil er tatsächlich völlig kahl war – in dem orangefarbenen Licht schien er geradezu von innen zu leuchten. Er gehörte zu einem etwa einen Meter achtzig großen Mann mit straffer heller Haut, auf der hier und da ein paar Sommersprossen saßen. Er war vollkommen bartlos und hatte weder Wimpern noch Augenbrauen. Adlernase. Die muskulösen Arme stemmten eine Hantel empor, nach kurzem Zwischenstopp auf Schulterhöhe. Fest, aber nicht verkrampft, umschlossen die Finger die Stange. Die Hände streng parallel. Der Rücken durchgedrückt. Irgendwann setzte der Mann die Hantel wieder ab. Gleich darauf wiederholte er das Ganze. Ich trat an eine Kraftstation in seiner Nähe. Als der Glatzkopf genug vom Hantelstemmen hatte, ging er zu einem Spind. Er öffnete ihn, holte ein Handtuch heraus, trocknete sich ab und zog sich ein frisches T-Shirt an. Dann sah er auf seinem Handy nach, ob Anrufe eingegangen waren, hängte sich seine Tasche über die Schulter und ging nach oben. Ich hörte, wie er sich von der Frau mit den Kunststoffbrüsten verabschiedete, während ich rasch einen Blick in den Spind warf. Auf dem Boden lag eine Visitenkarte: *Rubén Fontana. Bundesrichter.*

4

Um sieben weckten mich die Nachrichten. Die Polizei hatte wieder mal eine Razzia in einem Bordell in der Provinz Buenos Aires durchgeführt. Ich stellte das Radio lauter. Zwei Mädchen aus der Provinz Tucumán und eine aus Paraguay. Die Durchsuchung war von Bundesrichter Fontana angeordnet worden. Ich schlug die Decke zurück, schwang mich auf die Bettkante und tastete mit den Füßen nach den Pantoffeln. Im Bad stapelte sich zwischen Toilette und Wand die Schmutzwäsche. Immer riecht es hier nach Feuchtigkeit, dass das Kippfenster den ganzen Tag offen steht, ändert daran nichts. Ich ging auf den Hof. Auf der Markise hatten sich vom Regen Wasserlachen gebildet, an der Wand zum Nachbargrundstück lief eine schmutzig braune Brühe hinab, und der Wasserhahn tropfte. Ich hatte ihn schon vor Längerem provisorisch mit einem Küchentuch umwickelt. Ich öffnete die Tür zur Straße, bückte mich, griff nach der Zeitung und lauschte auf die Geräusche in der Umgebung.

Warum bin ich gerade in den Stadtteil Villa Crespo gezogen? Als meine Großeltern 1913 aus Polen einwanderten, kamen sie hier in einem Gemeinschaftshaus unter. Dort wuchsen auch ihre drei Kinder auf. Papa, den Jüngsten, verschlug es später nach Paraná, wo er Mama kennenlernte. Sie heirateten, und irgendwann kam ich zur Welt. Jahrelang fuhren wir in den Ferien zu unseren Verwandten nach Buenos Aires. In den Liegewagen, in denen wir dorthin reisten, gab es Spucknäpfe aus Porzellan. Bei Onkel und Tante tranken wir Tee mit Zitrone und die Männer einen Grappa, während wir warteten, dass die *wareniki* aufgetragen wurden. Auf den Straßen wurden Baklava und mit Mangold oder Spinat gefüllte Teigtaschen angeboten, und an jeder Ecke stand ein Joghurtverkäufer. *Cuenteniks* riefen ihre Krämerwaren aus, und auf Pferdewagen wurden Honig- und Wassermelonen in die Stadt gebracht.

Unsere Verwandten hatten eine Druckerei in der Calle Malabia. Ich sah zu, wie sie Papier in die Minerva einlegten und die Maschine in Gang setzten, die wie von Zauberhand in Nullkommanichts einhundert beschriftete Seiten ausspuckte. Wir gingen ins Planetarium, ins Theater, in den Italpark, sahen Filme im Kino und aßen anschließend Hot Dogs, fuhren begeistert Rolltreppe und U-Bahn. Zum Einkaufen gingen wir in den Stadtteil Once oder zum Schlussverkauf bei Harrods – Buenos Aires war für mich die Welt.

Umso provinzieller kam mir jedes Mal nach der Rückkehr Paraná vor. Dreißig Jahre lang arbeitete ich dort im Archiv der *Sociedad Israelita*. In einem fensterlosen Büro, beim Licht einer trüben Funzel. Ich kannte die Geheimnisse sämtlicher

Gemeindemitglieder, wusste, wie viel jeder für die *kehillah* beisteuerte. Manche hatten ihr Geld verloren und waren auf Unterstützung durch den Hilfsfonds angewiesen. Anderen gelang der Aufstieg und sie legten sich neue Namen zu, als wären sie Filmstars. Ich könnte stundenlang Geschichten über diese Leute erzählen, manche gehörten zur High Society und hatten doch gerade erst das *shtetl* hinter sich gelassen. Diese Gemeinschaft, das war ich.

Bis die Gemeindeleitung mir irgendwann den Rückzug nahelegte. Die Worte meines Chefs klingen mir noch heute im Ohr: „Keiner will dich rauswerfen, liebe Ruti, ach was, ohne dich läuft hier gar nichts. Da könnten wir unser Archiv gleich zumachen. Du brauchst einfach mal eine Erholungspause. Irgendwann muss jeder den Staffelstab weitergeben." Da ließ ich mich vorzeitig pensionieren und zog nach Buenos Aires.

Ich ging wieder hinein. Die Möbel in meiner Wohnung sind allesamt Erbstücke meiner Eltern. Im Wohnzimmer ein Tisch, der so groß ist, dass er fast den Durchgang versperrt. Zwei bordeauxrote Kunstledersessel. Ein riesiger Geschirrschrank. Dazu Fotos. Meine Großeltern, Onkel und Tanten. Ich, wie ich die Fahne hisse. Ich an meinem fünfzehnten Geburtstag. Ich und Pablo Filkenstein in Villaguay. In der einen Ecke der Samowar. In der anderen ein Kleiderständer. Und überall stapeln sich Hefte, Zeitschriften, Prospekte. Auf der Anrichte, unterm Bett, auf dem Küchentisch. Und im obersten Fach des Kleiderschranks Schuhkartons, randvoll mit Unterlagen. Ein Teil des Archivs ist einfach mit mir umgezogen.

Ich betrat die Küche. Gladys war schon da und hatte Wasser aufgesetzt. Bei meinem Anblick seufzte sie. Genauer gesagt: Sie stöhnte auf. Ich ließ mich dadurch nicht irritieren, dafür ist mir die Gewohnheit, uns morgens über die neuesten Neuigkeiten auszutauschen, viel zu kostbar. Meine *shikse* trug ein T-Shirt und darüber ein kariertes Hemd, Jeansrock und Sandalen. Sie ist klein, hat ein rundes Gesicht und ein Kinngrübchen. Wenn sie lächelt, leuchten ihre schwarzen Augen. Ich küsste sie zur Begrüßung, und der Geruch nach Kölnisch Wasser stieg mir in die Nase. Ich ließ mich am Küchentisch nieder. Als das Wasser kochte, goss Gladys es in die Teekanne und setzte erneut Wasser auf. Dann zündete sie sich eine Zigarette an.

„Seit Monaten sag ich mir, dass ich zu rauchen aufhören sollte." Sie betrachtete ihre Finger. „Sie sind schon wieder ganz gelb."

„Kein Wunder", sagte ich.

Ich hasse es, wenn sie beim Frühstück raucht.

„Sie wissen, davon bekommt man Krebs."

„Nur die hier noch", versprach sie.

„Glaub ich nicht."

„Ich schwör's." Sie führte zwei gekreuzte Finger an die Lippen.

Meine *shikse* gehörte zu einem Netzwerk aus Tanten und Kusinen, die meiner Kusine Lea und deren Freundinnen im Haushalt zur Hand gingen. Anfangs kam sie bloß als Vertretung, arbeitete sich im Lauf der Jahre dann aber hoch, wie in einem Büro. Irgendwann vertrat sie niemanden mehr, sondern war einfach ein Teil der Familie geworden. Das Putzen, die Einkäufe und die Entscheidung, was es zum Mittagessen geben soll, erledigen wir seitdem gemeinsam. Daneben kümmert Gladys sich um die Wäsche und die Begleichung der anfallenden Rechnungen. Sie wohnt in dem Vorort Monte Grande, verdient zusätzlich Geld durch Näharbeiten und ist mit einem Polizisten verheiratet, der bei der Spurensicherung arbeitet. Gladys erzählt oft von seinen Erlebnissen. Seine Spezialität sind Verbrechen, bei denen Stichwaffen zum Einsatz gekommen sind. Wie bei der Geschichte mit der kleinen Heiligenbildchenverkäuferin. Die Leute aus der Nachbarschaft hatten den Fall gelöst, nicht die Polizei. „Wenn dein ganzes Viertel sagt, da stimmt was nicht, dann wissen die Leute auch, warum." Ich genieße es, ihr zuzuhören. Ob es daran liegt, dass es in ihren Geschichten so blutig zugeht, oder an der Art, wie sie erzählt, kann ich nicht sagen.

Ich schob die Zeitung zur Seite, die auf dem Küchentisch lag.

„Ich soll ein verschwundenes Mädchen suchen."

Gladys leerte die angewärmte Kanne, gab Teeblätter hinein und goss kochendes Wasser darauf.

„Freundinnen?"

„Sie hat kaum welche."

„Und einen Freund?"

„Ein gewisser Willie – ihr Fitnesstrainer."

Gladys schenkte uns beiden ein.

„Dann spielen Sie also mal wieder Detektiv."

Ich trank einen Schluck Tee. Ihr Kommentar gefiel mir nicht. Detektive haben hierzulande keinen guten Ruf, ob sie auf eigene Rechnung arbeiten oder Bullen sind. Sei es Philip Marlowe, Hercules Poirot oder Miss Marple, so recht verstehen kann unsereins keinen von ihnen.

„Haben Sie schon eine Idee?"

„Vorläufig nicht."

Gladys gab Zucker in ihren Tee und rührte um.

„Weiß die Polizei Bescheid?"

„Nein", sagte ich, „der Vater möchte noch abwarten."

Gladys ging ins Schlafzimmer, um dort sauberzumachen, und ich holte das Foto aus meinem Rucksack. Eine Weile betrachtete ich Débora und Willie, dann fing ich an, die Glitzerbuchstaben und -zahlen abzulösen. Als würde ich Scrabble spielen, stellte ich sie zu allen möglichen Kombinationen zusammen – irgendwann landete ich bei dem Wort *ESPERA*. Ich schlug das Straßenverzeichnis meines Stadtplans auf. Eine Calle Espera oder Avenida Espera war nicht darunter. „Sie wollten in ein Wochenendhaus in Tigre fahren, im Paraná-Delta", hatte Chiquito erzählt. An den Río Espera, sagte ich mir. Ich machte noch einen Versuch, diesmal mit den Zahlen, eine Vier und zwei Nullen. Dann wischte ich mir das Glitzerpulver von den Fingern und goss mir den Rest Tee ein.

Ich nahm die Zeitung und fing an zu lesen: „Bardamen verzichten darauf, Kindergeld zu beantragen. Obwohl sie als ‚Angestellte im Unterhaltungsgewerbe' einen gesetzlichen Anspruch haben, weigern sie sich, die entsprechenden Anträge einzureichen." Ich las den Artikel gleich noch einmal. Wie zu

Zeiten der Zwi Migdal vergrößerte sich die Abhängigkeit dieser Frauen nur, wenn sie öffentlich machten, dass sie Kinder hatten. Solange die Zwi Migdal das Geschäft kontrollierte, konnte sie auf die Unterstützung von Richtern und Polizisten zählen, die die wie Sklavinnen gehaltenen Frauen nicht nur überwachten, sondern auch regelmäßig ärztlich untersuchen ließen und in Registern verzeichneten, wodurch sie es ihnen unmöglich machten, egal welche Art von legaler Arbeit außerhalb der Bordelle aufzunehmen. Vielleicht hatte meine *shikse* ja Recht und ich war wirklich dabei, mich in eine Detektivin zu verwandeln. Nachdem die Wirklichkeit mir nichts anzubieten hatte, versuchte ich es mit Scrabble und Zeitungslektüre.

Gladys kam in die Küche zurück, nahm die Teetassen und stellte sie in die Spüle.

„Eine Vermisstenanzeige sollte man jedenfalls aufgeben."

5

Ich las gerade die Kontaktanzeigen. Da klingelte es an der Tür. Gladys war schon weg. Ich durchquerte die Küche und griff zum Hörer der Gegensprechanlage. Es hörte sich an, als befände sich die Person am anderen Ende unter Wasser. Ich drückte auf den Knopf. Als ich aufmachte, stand Lea im dunklen Treppenhaus vor mir. Sie trug Minirock und Flip-Flops.
„Entschuldige."
„Macht doch nichts", sagte ich. „Ist irgendwas?"
„Entschuldige, dass ich einfach so reinplatze", wiederholte sie und stand bereits im Wohnzimmer.

Die Aufregung war ihr anzuhören – man hätte meinen können, sie sei gekommen, um von meiner Wohnung aus den Notarzt anzurufen, oder die Feuerwehr, weil Rauch aus dem Gebäude drang.

„Ein Glück, dass du da bist", sagte sie. „Hast du ein Glas Wasser? Mauri. Der Junge macht mich noch völlig verrückt."

Beim Sprechen überschlug sich ihre Stimme fast. Sie war spät Mutter geworden, und ihr Sohn Mauri wohnte mit dreißig immer noch zu Hause. In ihrem *Tatekosher* saß er an der Kasse.

„Was ist denn?"

„Er ist in Urlaub gefahren und hat sich das Bein gebrochen", sagte Lea. „Wir mussten ihn mit dem Flugzeug zurücktransportieren lassen." Ich holte ihr ein Glas Wasser.

„Aber ich will dich nicht mit meinen *tsures* belasten." Sie trank einen Schluck. „Ich möchte dich um einen Gefallen bitten." Sie drehte sich zur Tür. „Ich komm besser wann anders wieder."

Sie steuerte schon den Flur an, warf aber noch rasch einen Blick auf den Zeitungsstapel auf dem Tisch. Ich konnte ihre Gedanken lesen, als würden sie auf eine Leinwand projiziert. Lea begriff nicht, dass jemand so viel Müll in seiner Wohnung horten konnte. Einmal hatte ich sie, als sie zu Besuch bei mir war und ich ins Zimmer kam, dabei überrascht, wie sie auf Zehenspitzen auf einem Stuhl balancierte und das oberste Fach meines Kleiderschranks durchforstete.

Sie blinzelte. Offensichtlich wusste sie nicht, ob sie gehen oder einen erneuten Angriff unternehmen sollte.

„Hör mal", sagte sie. „Ich will dir nicht auf die Nerven gehen." Sie ergriff meinen Arm. „Es ist mir wahnsinnig peinlich, aber was soll ich machen?" Sie strich mit der Hand über ihren Hals. „Ich brauch eine Bürgschaft."

Ich streifte ihren Arm ab und kehrte ihr den Rücken zu. Dann ging ich um den großen Tisch herum. Unterwegs rückte ich das Foto von meinem fünfzehnten Geburtstag zurecht. Schon zweimal hatte ich für ihren *Tatekosher* eine Bürgschaft übernommen, vor Kurzem auch die für Gladys Wohnungsmiete. Ich verschwand im Schlafzimmer, fest entschlossen, es erst wieder zu verlassen, wenn Lea weg wäre. Ich wartete mehrere Minuten.

Sie stand immer noch an derselben Stelle.

„Das ist das allerletzte Mal", versprach sie.

Ich sagte kein Wort.

„Bitte."

Lea flüsterte, was viel wirkungsvoller war als das, was sie tatsächlich sagte. Sie rang nach Luft. Ihr linkes Augenlid zuckte. Kaum etwas war für meine Kusine so wichtig wie ihre Gefühle. Ich hatte den Eindruck, wenn ich jetzt nicht auf sie einging, würde sie auf die Straße laufen und sich vor ein Auto werfen.

Ich ging zum Kleiderschrank und machte mich auf die Suche nach der Bürgschaftsurkunde. Ich durchwühlte eine Schublade nach der anderen. In der ersten war Unterwäsche. In der zweiten Strümpfe. In der dritten Nachthemden. Ich fand sie schließlich in dem Fach mit den Bettlaken. Gleich darunter lag eine Karteikarte aus dem Archiv. „Die Gemeinschaft hatte den Zuhältern den Krieg erklärt. Nach der Tragischen Woche vom Januar 1919 – Gruppen von Nationalisten waren damals losgezogen, um in den Stadtteilen Once und Almagro Juden zu töten – war es dringend notwendig, etwas für den Ruf der Gemeinschaft zu unternehmen: Die Zwi Migdal hatte damals an die fünfhundert Mitglieder und kontrollierte zweitausend Bordelle."

„Du bist einfach die Größte, Ruti", ließ Leas Stimme sich, schon wesentlich besser gelaunt, vernehmen. „Soll ich Tee machen?"

Ich hörte, wie sie sich in Richtung Küche entfernte. Von draußen war nicht das geringste Geräusch zu vernehmen, als wäre kein einziges Auto auf der Calle Gurruchaga unterwegs.

Lea erschien in der Schlafzimmertür.

„Woher kennst du José Gold?", fragte ich.

„Chiquito?" Sie setzte sich aufs Bett. „Wir waren zusammen im Zeltlager, in Zumerland."

„Hast du ihm meinen Namen genannt?"

„Ist das schlimm?"

Sie zog die Füße aufs Bett, ohne die Flip-Flops abzustreifen.

„Du hättest mich vorher fragen können."

„Na hör mal – ich hab dir damit einen Gefallen getan!"

Ich erkundigte mich, wie man am besten nach El Tigre kommt.

6

An der Anlegestelle kaufte ich mir ein Ticket und eine Karte des Deltagebiets. Das Boot kam angeglitten und brachte sich ohne jede Vibration in Position. Ich stieg ein und setzte mich auf einen Platz am Heck. Auf dem Dach stand ein Hund und bellte. Neben ihm in Planen eingewickelte Eisstangen. Im Wasser trieben Plastiktüten. Plakate. *Haltet die Natur sauber!* Das Sonnenlicht spiegelte sich auf dem Wasser. Mir wurde schwindlig davon und ich hielt nach den Schwimmwesten Ausschau. Als ich sie entdeckt hatte, kniff ich die Augen zusammen und erinnerte mich daran, wie Papa mir die Geschichte des Langstreckenschwimmers Antonio Abertondo erzählt hatte. Der hatte mehrfach versucht, von Rosario nach Buenos Aires zu gelangen. „Er war der Größte. Er wollte unbedingt im Paraná bis in die Hauptstadt schwimmen. Aber an irgendwas ist er immer gescheitert. Mal lag es am Gegenwind, mal wirbelten Fischschwärme das Wasser auf." Der Motor gab ein dumpfes Brummen von sich, und das Boot legte ab. Wir steuerten den Río Sarmiento an. Am Ufer ein Ruderclub. Eine Villa mit rotem Ziegeldach. Von dort führte ein Weg zum Wasser hinab, zu einem kleinen Holzhaus auf Stelzen. Hier lagen die Boote, und es gab Tische und Stühle aus Plastik.

Papa hatte mir immer wieder Geschichten von großen Schwimmern erzählt, mir aber nie beigebracht, wie man sich selbst über Wasser hält. Die Rettungswesten waren orange und unter den Sitzen befestigt. Ich machte es mir bequem, faltete die Karte auseinander und folgte dem Flusslauf mit dem Finger. Irgendwann teilte der Sarmiento sich. Unser Schiff nahm den Río Espera. Wir kreuzten den Weg einer Motorjacht. Die Wellen drängten uns in Richtung Ufer. Bald darauf war das Wasser wieder spiegelglatt. Wasserhyazinthen. Ein Reiher. Auf einer Sandbank lag ein alter Mann und schlief. Die Frau mit Kopftuch mir gegenüber fragte auf einmal, ob ich ein Ferienhaus mieten wolle. Sie habe eins anzubieten, sagte sie und fing mit eintöniger Stimme an, dessen Vorzüge aufzuzählen. Dann überreichte sie mir ihre Visitenkarte. Die Trauerweiden kündigten die Ankunft des Sommers an. Wir fuhren weiter flussaufwärts. In einer engen Kurve sah man am Ufer eine Ruine. In der Mitte ragte ein Baum empor, seine Krone ersetzte das eingestürzte Dach. An beiden Ufern immer wieder die gesplitterten Stämme umgefallener Korallenbäume. Kurz vor der Isla Noel wurde das Schiff langsamer. Wir legten bei der Insel an.

Ich ging bis zu dem Haus mit der Adresse Espera 400.

Es war von hohen Bäumen umstanden. Ein eingeschossiges Gebäude, ganz im Stil der Häuser, die Anfang des 20. Jahrhunderts hier errichtet wurden. Ich trat an ein Fenster und blickte zwischen den Gitterstangen hindurch. Drinnen sah man ein Boot, eine Wasserpumpe, Flaschenkisten, Gartengeräte und übereinandergestapelte Liegestühle. Ich stieg auf der Außentreppe zum ersten Stock hinauf und ging die Galerie entlang. Alle Balkontüren waren mit Holzläden verschlossen und verschwanden fast hinter Ginster- und Jasminzweigen. Ich atmete den schweren Duft ein. An mehreren Stellen waren die Wände mit Mosaiken verziert. Ich untersuchte die Türen genauer: Alle waren mit Vorhängeschlössern gesichert.

Ich ging wieder hinunter, dann entlang einer Ligusterhecke. An deren Ende begann ein Weg, der in den Garten führte. Ich folgte ihm etwa zweihundert Meter und erblickte ein Holzhaus auf grün gestrichenen bemoosten Stelzen. Davor war ein Mann damit beschäftigt, Gras zu mähen.

Ich klatschte in die Hände, und der hochgewachsene kräftige Mann drehte sich um, in der Hand eine Machete. Er trug Jeans, der Oberkörper war nackt. Seine Frisur war die reinste Katastrophe.

„Was möchten Sie?"

„Ich bin auf der Suche nach einem Haus für die Ferien", sagte ich und deutete auf das Gebäude hinter mir am Fluss. „Wissen Sie, ob hier noch was frei ist?"

„Ja."

Der Mann ließ die Machete los, sie hing jetzt an seinem Handgelenk.

„Haben Sie einen Schlüssel?"

Er sah mich misstrauisch an.

„Wann wollen Sie denn kommen?"
„Erste Hälfte November."
„Ich muss erst mit der Verwaltung sprechen."
Er trat näher. Er hatte unterschiedlich lange Beine. Er roch seltsam, als käme er gleichzeitig aus dem Fluss und aus der Wüste.
„Wohnt zurzeit jemand hier?"
„Nein." Die Machete baumelte leise hin und her. „Am Wochenende war der Besitzer da und hat den Durchlauferhitzer repariert. Seitdem ist niemand mehr gekommen."
„Kann ich mir das Haus mal ansehen?"
Der Mann nickte.
Wir gingen auf dem Weg zurück und stiegen die Treppe hinauf. Der Mann öffnete eine Moskitotür und steckte den Schlüssel ins Schloss. Ich trat hinter ihm ein. Drinnen drang das Licht durch die Ritzen in den Läden. Von einem rot gestrichenen zentralen Wohnraum mit Mosaikboden führten Türen zu den übrigen Zimmern. In den Schlafzimmern waren Betten mit Kopfstützen aus Bronze. Decken. Ventilatoren. Heizstrahler. An den Wänden lehnten Matratzen. Die Räume waren sehr hoch, an die vier Meter. Wir kehrten in den großen Wohnraum zurück. Betonstufen führten zu einem Zwischengeschoss. Alles war sauber und aufgeräumt, keine Spur von der jüdischen Prinzessin, Willie oder sonstigen Vorbenutzern.
Wir betraten die Küche. Sie war mit allem Nötigen ausgestattet. Ein großer Holztisch. Gelb gestrichene Stühle. Ausreichend Geschirr und Besteck. Kühlschrank mit Eisfach. Mikrowellenherd. Weinflaschen und Konservendosen. Eine

Kiste Brennholz. Vor der Tür zur Galerie stand ein Grill. Der Mann ließ mich nicht aus den Augen, während ich meine Inspektion der Küchenschränke fortsetzte.

„Kaffee, Tee, Zucker und Öl sind immer da, dafür sorgt der Vermieter", sagte der Mann.

An seinem anschließenden Schweigen erkannte ich, dass die Besichtigung zu Ende war.

Ich fragte, ob im Preis auch eine Endreinigung eingeschlossen sei.

Wir betraten erneut den großen Wohnraum. Ich warf noch einmal einen Blick ins Zwischengeschoss und sagte dann, das Haus gefalle mir, wir würden uns bestimmt einig werden. Wir gingen wieder hinaus auf die Galerie, und der Mann schloss ab. Obwohl er dabei ganz auf den Schlüssel konzentriert schien, hatte ich den Eindruck, aus dem Augenwinkel schiele er zu einer Stelle im Dickicht des Gartens hinüber, ein ziemliches Stück entfernt.

Wir stiegen die Treppe hinunter. Immer wieder stieß der Mann mit dem Fuß des längeren Beins an eine Stufe. Als wir uns verabschiedeten, streifte die Machete meine Knie.

Ich ging zurück zur Anlegestelle und setzte mich auf eine Bank. Der Wind hatte gedreht, eine Mülltüte trieb an mir vorbei in Richtung Paraná de las Palmas. Auf einmal hatte ich das Gefühl, es sei Sonntagnachmittag und ich befände mich wieder in Gesellschaft meiner Eltern am Fluss, mit Liegestühlen, Decken und einem Picknickkorb auf der Flucht vor der Sommerhitze. Dann sah ich mich selbst, wie ich kreischend und Wasser um mich spritzend aus dem Paraná sprang und mit weit abgespreizten Armen auf meine Eltern zulief, an der Schulter einen schwarzen Blutegel. So oft meine Eltern mir später auch – in allen möglichen Variationen und Abwandlungen – erzählten, wie sie das Untier damals mit Hilfe einer glühenden Zigarettenspitze entfernt hatten – nichts ist imstande, das Bild einer Fünfjährigen auszulöschen, die entsetzt schreiend dem Fluss entsteigt.

In der Flussbiegung erschien eine Fähre. Der Steuermann tutete zur Begrüßung. Ich winkte ihm zu. Dann stand ich auf und trat an den Rand des Anlegers. Zu meinen Füßen war ein Ruderboot angebunden. Über eine kleine Treppe gelangte ich nach unten und kletterte hinein. Ich hätte stundenlang dasitzen und mich vom Wasser schaukeln lassen können, das Gesicht der warmen Sonne zugewandt und ohne einen Gedanken an Chiquito Gold und seine Tochter zu verschwenden. Das Sonnenlicht glitzerte auf dem Wasser. Ein Transportschiff fuhr vorbei. Als die Wellen sich wieder gelegt hatten, fiel mir etwas auf, ein Gegenstand, der, umgeben von einer grünlichschleimigen Substanz, in regelmäßigen Abständen an der Oberfläche auftauchte und wieder verschwand.

Es war eine Hand.

7

Ein Schlauchboot erschien in der Ferne. Die Leiche trieb bäuchlings im Wasser. Eine junge Frau mit langen Haaren, eine Strähne violett gefärbt. Jeans und schwarzes T-Shirt. Der Fotograf zückte die Kamera und fing an, Bilder zu machen. Eins. Zwei. Drei. Zwei Taucher schlangen unterhalb der Arme ein Seil um die Leiche und zogen sie ans Ufer. Dort drehten sie sie um. Ein Auge war völlig verdreht. Beim anderen hatten die Fische ganze Arbeit geleistet. Noch mehr Fotos. Obwohl die Tote aufgeblasen war wie ein Frosch, ließ sich nahezu ausschließen, dass es sich um Débora handelte. Ein paar Jungen fingen an, mit Steinen nach ihr zu werfen, sie versuchten, den Mund zu treffen. Die Taucher sanken erschöpft aufs Gras. Der Mann von der Gerichtsmedizin hustete ununterbrochen. Er hielt sich ein Taschentuch vor den Mund und betrachtete die Leiche aufmerksam. Als der Hustenanfall vorbei war, beugte er sich über die junge Frau und drückte die Hände in ihren Bauch wie ein Pizzabäcker beim Teigkneten.

Ein Polizist fing an, ein Formular auszufüllen: „Leichenfund. Bestandsaufnahme." Der Gerichtsmediziner erhob sich und zündete sich eine Zigarette an. Dann setzte er sich auf eine Bank und sah zum anderen Ufer hinüber. Mittlerweile hatte sich eine ziemliche Menge Schaulustiger eingefunden. Sie saßen auf Klappstühlen, ließen sich ihren Mate und mitgebrachte Kuchen und Kekse schmecken und verfolgten das Schauspiel gebannt. Ein Mann sammelte Brennholz und schichtete es auf einen Grill. Als der Stapel groß genug war, zündete er ihn mit einem Streichholz an. Rauch stieg auf. Der Gerichtsmediziner zog sein Taschentuch hervor und schnäuzte sich. Zwei Polizisten mit Latexhandschuhen steckten die Leiche in einen schwarzen Plastiksack. Ein Schiff mit japanischen Ausflüglern fuhr vorbei.

„Und, was meinen Sie?", fragte ein Polizist.

„Wozu?", fragte der Gerichtsmediziner zurück.

„Was könnte die Todesursache gewesen sein?"

Der Gerichtsmediziner steckte das Taschentuch wieder ein.

„Bloß nichts überstürzen", sagte er.

Das Schlauchboot legte an. Zwei Polizisten hievten die Leiche auf eine Bahre, trugen sie die Stufen hinunter und setzten sie auf dem Boden des Schlauchboots ab. Ich musste immerzu den schwarzen Sack ansehen. Der Fluss schaukelte das Schlauchboot wie ein Kind in der Wiege. Wie es für die junge Frau wohl gewesen war, als das Wasser in ihre Lungen drang? Der Sommer stand kurz bevor, es war bereits viel zu heiß und viel zu viele nackte Leiber schmorten am Strand in der Sonne – brauchte es da auch noch den Anblick einer jungen toten Frau, die in einen Plastiksack gesteckt wird? Der Gerichtsmediziner fing an, von einem anderen Fall zu erzählen, mit dem er zu tun gehabt hatte.

„Vor ein paar Monaten hat jemand einen Koffer aus dem Fluss gefischt. Beim Öffnen fand er eine Frauenleiche darin – ohne Kopf, Arme und Beine. Dafür gab es noch einen kleinen Teddybär. Wir hatten keine Ahnung, was wir mit der Geschichte machen sollen. Der Fall wurde zu den Akten gelegt. Aber dann erschien auf einmal eine junge Frau und behauptete, man habe eine Freundin von ihr, eine siebzehnjährige Peruanerin mit Namen Jessica Gómez, bei einem satanischen Ritual ermordet. Da fiel uns die Sache mit dem Koffer wieder ein, und wir zeigten der jungen Frau den Teddybär. Der war noch bei uns im Archiv."

Die Japaner winkten mir zu.

Ich winkte zurück.

„Da brach die junge Frau zusammen", erzählte der Gerichtsmediziner weiter. „Sie sagte, sie könne nicht begreifen, wie der Bär dort hingekommen sei. Dann sprach sie von einem Metzger, der eine Beziehung mit ihrer Freundin gehabt hatte. Und von ihrer Tante, die angeblich ein Medium war. Die Richterin ließ beide verhaften, und zuletzt legten sie ein Geständnis ab: Die Frau hatte Jessica vorgeworfen, sie würde ihren Neffen, den Metzger, betrügen. Daraufhin folterten die Tante und ihr Neffe die Peruanerin, brachten sie um und zersägten sie. Wie es das Ritual ihrer Ansicht nach vorsah, vergruben sie die Arme, Beine und den Kopf auf einem unbebauten Grund-

stück. Den Teddybär steckten sie zu dem Rest in den Koffer. Sie glaubten, er wäre von der Peruanerin."
Hier fing der Gerichtsmediziner wieder an zu husten.
„Drei Tage", sagte einer der Polizisten.
„Fünf – was wetten wir?", sagte ein anderer.
„Der Verlierer lädt zum Grillen ein", sagte der erste.
Als der Polizist, der das Formular ausfüllte, mit der Bestandsaufnahme fertig war, nahm er meine Aussage auf: Wie ich auf die Leiche gestoßen war, dass ich auf die Insel gefahren war, um ein Ferienhaus anzumieten, dazu meinen Namen und die Adresse. Dann durfte ich gehen. Auf der nächsten Fähre war ich fast allein. Ich lehnte mich an die Reling, betrachtete abwechselnd den Fluss, die Ufer und den Nacken des Kapitäns, der eine Schiffermütze trug. Ich stellte fest, dass ich den ganzen Tag nichts gegessen hatte. Hunger hatte ich trotzdem nicht. Ich hatte das Gefühl, ich würde nie wieder Hunger haben. Ich schloss die Augen.
Als ich sie aufmachte, waren wir bereits auf dem Río Sarmiento. Am Ufer saß ein Fischer rittlings auf einem Ast, zu beiden Seiten hingen seine Beine hinunter. Er warf aus und hielt die Angel anschließend mit ausgestreckten Armen. Die Vegetation war bald licht, bald nahezu undurchdringlich. Ich notierte mir die Telefonnummer eines Flusstaxis. An einer Haltestelle stieg ein Mann in einem gelben Hemd zu. Dass mir lauter solche Einzelheiten auffielen, konnte nur daran liegen, dass mein Kopf hartnäckig mit einem Gedanken beschäftigt war, den ich jedoch nicht genauer formulieren konnte. Wenige

Meter von der Haltestelle entfernt war eine Frau dabei, Wäsche aufzuhängen. Eine Hose. Ein Hemd. Da fiel bei mir der Groschen: Auf dem T-Shirt der Toten hatte der Name des Fitnessstudios gestanden.

Nach der nächsten Flussbiegung kam das kleine Haus auf Stelzen in Sicht. Ich betrachtete die Blätter der Trauerweiden, hörte das Brummen des Schiffsmotors und das Geräusch von Rudern, die aufs Wasser schlugen. Ich konnte kaum einen klaren Gedanken fassen, und die Gesichter, die ich ansah, zerflossen vor meinen Augen. Die Fähre erreichte ihr Ziel. Der Kapitän half mir beim Aussteigen. Um neun Uhr abends überquerte ich den Platz. Unter einer Laterne stand eine Gruppe rauchender Frauen. Grillbuden mit bunten Lichtern. Pick-ups mit chromblitzenden Stoßstangen. Als ich mich noch einmal umdrehte, war der Fluss nur eine dunkle Masse. In der Ferne schaukelte eine Leuchtboje. Ich ging zu Fuß bis zur Haltestelle des 60ers.

8

Am nächsten Morgen ging ich schon um sieben zum Frühstücken ins *Galeón*. Die Wände der Bar waren vor Kurzem frisch gestrichen worden, es roch noch immer nach Farbe. Ich hatte schlecht geschlafen. Während der ganzen Nacht hatte ich mich im Bett hin und her gewälzt und ständig an die Tote denken müssen. Dabei hatte ich mir eingebildet, das Polizeiboot sei weiterhin damit beschäftigt, auf der Suche nach der Leiche das Flussbett zu durchforsten.

Ich setzte mich an einen der Resopaltische und bestellte Kaffee und ein Croissant. Wenig später brachte die Kellnerin eine dampfende Tasse und einen Teller mit dem Gebäck. Die Croissants hätten sie gerade erst aus der Bäckerei bekommen, sagte sie. Auf dem Weg zurück zur Theke warf sie mir über die Schulter einen Blick zu.

Draußen war es noch dunkel, die Leute auf der anderen Seite des Fensters waren von der erleuchteten Bar aus nur schlecht zu erkennen. Der orangefarbene Mülleimer an der Ecke quoll über. Zwei junge Männer mit muskulösen Oberarmen saßen auf der Bordsteinkante und tranken Bier. Ich betastete meine Oberschenkel. Meine Knochen sind inzwischen ziemlich zerbrechlich und porös geworden. Gut, dass ich mich für die Fitnessgruppe angemeldet hatte. Auch wenn ich es mir nicht eingestehen will – ich habe Angst, eines Tages plötzlich zu stürzen und mir die Hüfte zu brechen. So wie Mama damals. An einem Winterabend fand ich sie zu Hause auf dem Boden liegend vor. Sie war außerstande, aufzustehen, und klagte über heftige Schmerzen. Ein Bein war abgeknickt, der Fuß verdreht. Nach der Operation brauchte sie lange, um sich zu erholen, ein leichtes Hinken legte sie nie mehr ab.

Ich schlug die oberste der vor mir liegenden Zeitungen auf und ging die Kontaktanzeigen durch. An einem Tisch in der Nähe unterhielten sich sechs Männer mit weit geschnittenen Hosen über eine Zwangsräumung. Die Arbeitsjacken hatten sie über die Stuhllehnen gehängt, am Kragen und an den Achseln konnte man sehen, dass sie schon lange in Benutzung waren. Sie sprachen über einen Protestmarsch zum Rathaus, offenbar waren die Stände an der Plaza Serrano, wo sie irgendwelche Handwerkserzeugnisse verkauften, gewaltsam geräumt worden. An einem anderen Tisch hielt ein vielleicht dreißig Jahre alter Mann ein Baby auf den Knien. Obwohl es nur ein bisschen die Hände bewegte, sah seine Mutter, eine magere junge Frau, es verzückt an. Neben dem Mann an der Kasse saß auf einem Barhocker eine Frau. Die beiden unterhielten sich. Ich erkannte die Frau an den engen Jeans wieder – in die Hosenbeine konnte sie nur mithilfe eines sehr langen Schuhlöffels gelangt sein. Es war die *kurva* aus dem Fitnessstudio.

Ich stand auf und ging zu ihr.

„Ich bin auf der Suche nach Débora Gold."

Die *kurva* sah mich verwundert an.

„Warum fragen Sie nicht bei ihr zu Hause?"

„Sie kommt doch regelmäßig ins Fitnessstudio."

Die *kurva* dachte nach. Sie wirkte verunsichert. Offensichtlich hatte auch sie mich wiedererkannt.

„Mehr oder weniger."

„Was heißt das?"

„Keine Ahnung, ab und zu eben."

Endlich sah sie ein, dass ich mich nicht so leicht würde abschütteln lassen.

„Ich glaube, sie hat Probleme mit ihren Eltern."

„Wann haben Sie sie denn zum letzten Mal gesehen?"

„Vor zwei Wochen. Ich hab mich schon gewundert, normalerweise melden die Leute sich nämlich ab, wenn sie länger nicht kommen, schließlich wollen sie nicht, dass ihr Guthaben automatisch weiter abgebucht wird."

Sie schlug die Beine übereinander.

„Ich arbeite manchmal am Empfang", fügte sie zur Erklärung hinzu.

„Sie ist mit Willie zusammen", erwiderte ich.

Die Frau wurde blass.

„Willie hat nichts damit zu tun."

Ich holte das Foto aus der Handtasche. Sie sah es sich an.

Dann warf sie einen Blick auf die Uhr.

„Auf die sind alle scharf", sagte sie, stand auf und verließ die Bar.

Ich ging zurück zu meinem Tisch. Der Kaffee war kalt. Ich fragte mich, wieso ich das Ganze nicht einfach sein ließ. Einer der Handwerker, mit einem Muttermal am Mund, berichtete jetzt, dass seit dem Eintreffen der Journalisten von der *Crónica* alle im Viertel auf einmal nur noch über die Zwangsräumung redeten. Ich nahm mir wieder die Zeitungen vor. Im brasilianisch-argentinisch-paraguayischen Dreiländereck hatte es eine Razzia in einem Bordell gegeben. Drei Argentinierinnen waren befreit worden. In der nächsten Zeitung stammten die drei Frauen aus der Dominikanischen Republik. In der dritten hatten sie nur als Kosmetikerinnen gearbeitet. Was in der einen Version wahr war, wurde in der nächsten zur Lüge.

Die Handwerker fragten, ob sie die Zeitungen bekommen könnten.

Ich beendete mein Frühstück. Jetzt hatten die Männer die Gelegenheit, sich von den frisch bedruckten Seiten schwarze Finger zu holen. Irgendwann legten sie die Lektüre enttäuscht zur Seite.

„Es steht nicht drin", sagte der mit dem Muttermal.

Sie standen auf und steuerten den Ausgang an. Auch für mich war es Zeit, zu gehen. Ich musste unbedingt mit Gladys über all das sprechen. Ich gab der Kellnerin ein Zeichen. Sie winkte ab und deutete zur Tür:

Die Männer hatten schon für mich bezahlt.

9

Ich ging in die Küche. Zog die Rollläden hoch und setzte Wasser auf. Nahm einen Stapel Zeitungen vom Tisch und trug ihn in den Flur. Drei Motten flogen auf.

Bald darauf kam Gladys. Sie hatte eine Tüte mit Putzmitteln dabei. Sie küsste mich zur Begrüßung auf die Wange, stellte die Tüte auf den Tisch und betrachtete das Buch in meiner Hand.

„Kriegen Sie nie genug vom Lesen?"

„Manchmal."

„Also ich finde Lesen langweilig."

Ich wusste, dass das nicht stimmte, erwiderte aber nichts. Gladys gibt sich gerne naiv, um anschließend umso unbeschwerter zu allem ihre Meinung äußern zu können.

„Und, wie war's?"

Ihre Stimme klang gleichgültig.

Ich erzählte, dass ich im Fluss die Leiche einer jungen Frau entdeckt hatte. Und dass Taucher sie aus dem Wasser geholt hatten.

Gladys nahm die Teekanne aus dem Schrank.

„Ist sie schon identifiziert worden?"

„Nein."

„Letztes Jahr haben sie eine Frau mit aufgeschlitztem Bauch aus dem Riachuelo gezogen. Wahrscheinlich eine Drogenkurierin. Sie wissen immer noch nicht, wer sie war."

Sie gab Zucker in das Schälchen.

„Ist sie ertrunken oder haben sie sie umgebracht?"

„Weiß ich nicht."

Als der Tee fertig war, schenkte sie uns beiden eine Tasse ein. Wir setzten uns einander gegenüber an den Tisch. Unsere Beine berührten sich fast. Gladys nutzte die Gelegenheit, um mit ihrem Expertenwissen zu glänzen. Sie erklärte, dass Wasser und Luft, wenn man ertrinkt, gleichzeitig in die Lunge eindrängen und sich dort mit dem Schleim mischten. Vom hektischen Einatmen bilde sich Schaum vor dem Mund.

Ich trank einen Schluck Tee.

An den Algen, fuhr Gladys fort, könne man es auch erkennen. Ertrinkende würden so heftig nach Luft ringen, dass irgendwann die Lungen aufrissen und Algenbestandteile ins Blut eindrängen. Sei jemand dagegen bereits tot, wenn er ins Wasser geworfen werde, würden sich zwar auch Algen in den Lungen ansammeln, aber nicht bis in andere Organe vordringen.

Sie machte eine Pause.

„Mal sehen, was bei der Autopsie rauskommt", sagte sie.

Ich dachte an die Leiche der jungen Frau. Ihre völlig aufgeweichte Haut. Die an Hals, Kinn und Stirn klebenden Blätter. Die aufgerissenen Augen. Den Schaum vor dem Mund. Ich empfand nichts Besonderes für diese Frau. Aber der, der sie ins Wasser geworfen hatte, konnte das Gleiche, oder noch Schlimmeres, mit Débora getan haben. Und mit mir würde er es vielleicht auch tun.

Wie so oft hatte Gladys mit ihren letzten Worten zu verstehen gegeben, dass für den Augenblick alles gesagt und jede weitere Diskussion damit überflüssig sei. Wenn ich ihr jetzt einen Auftrag erteilte, das wusste ich genau, würde sie reagieren, indem sie weiter ihr Expertenwissen ausbreitete oder eine der Schauergeschichten aus dem Berufsleben ihres Mannes zum Besten gab. Wie die mit der Heiligenbildchenverkäuferin. Die hatte sie in der Woche davor erzählt. Die Hauptfigur war ein Mädchen, das im Bezirk Retiro Heiligenbilder verkaufte. Eines Tages wurde sie von ihrer Mutter als vermisst gemeldet. Wenig später stieß man auf Leichenteile. Die Gerichtsmediziner stellten fest, dass sie höchstwahrscheinlich von einer jungen Frau stammten, die Hühnchen gegessen hatte. Ein paar Jungen aus ihrem Viertel lasen von dem Fall in der *Crónica* und schöpften Verdacht. Schließlich kam heraus, dass die Mutter und der Freund der jungen Frau an dem Tag, als diese starb, Hühnchen gegessen und die Kleine anschließend zerstückelt hatten.

„Wie wär's, wenn Sie heute mal den Kühlschrank abtauen?", sagte ich.

„Gut", sagte Gladys.

Besonders begeistert klang sie nicht. Sie stand auf und ging zum Kühlschrank. Unentschlossen den Griff umfassend, fragte sie:

„Waren die beiden Frauen befreundet?"

„Könnte sein."

„Und was ist mit Ihnen heute?"

„Nichts."

„Sie sehen wie der reinste Zombie aus."

Der Gedanke an Débora ging mir nicht aus dem Kopf. Es kommt ständig vor, dass junge Frauen einfach verschwinden – von der Straße, wenn nicht gleich ganz aus dem Gedächtnis –, das war mir klar. Die eine kehrt nicht vom Besuch beim Gynäkologen zurück. Die nächste war unterwegs zu einem Casting. Die dritte wollte bloß mal schnell an der Ecke ein bisschen Luft schnappen. Anderen bietet man irgendwo einen tollen Job an und zwingt sie dann zur Prostitution, um erst einmal die Fahrtkosten, die Kleidung und das Essen zu bezahlen. Die eine ist fünftausend Pesos wert, die nächste dreitausend, die übernächste dreihundert und dazu einen alten Ford Falcon. Oder neulich der Fall dieser Betriebswirtschaftsstudentin: Von Alkohol war die Rede, Psychopharmaka, ihrem Geisteszustand, nächtlichen Ausschweifungen – verdächtig ist immer zuerst das Opfer selbst. Allzu viel hat sich seit der Zeit der Zwi Migdal eigentlich nicht geändert. Anders gesagt: Ich war dabei, mich auf vermintes Gelände zu begeben. Innerlich hörte ich wieder die Worte des Gemeindevorstehers: „Sieh mal, Ruti, ich hab dich wirklich gern, aber ich glaube, du bist dabei, dich ein bisschen zu übernehmen. Ich meine, für unser Archiv arbeiten, schön und gut, für die Erinnerung unserer Gemeinschaft ist das in der Tat unverzichtbar. Das heißt aber noch lange nicht, dass du vor aller Welt unsere schmutzige Wäsche auszubreiten brauchst. Diese alten Geschichten gehen heute niemanden mehr was an."

Gladys ließ den Griff wieder los, nahm die Teetassen und stellte sie in die Spüle. Dann öffnete sie die Kühlschranktür und klemmte sie mit einem Stuhl fest. Anschließend rührte sie eine Mischung aus Geschirrspülmittel und Bodenreiniger an und stellte die Lebensmittel aus dem Kühlschrank auf den Tisch. Als alles sauber war, wischte sie mit einem trockenen Lappen nach. Dann platzierte sie die Butter gleich neben dem Eisfach, die Schnitzel kamen in einen frischen Plastikbeutel, der Spinat, nach Entfernen der welken Blätter, in die Gemüseschublade.

„Wie spät ist es?", fragte ich.

„Zehn", tönte es dumpf aus dem Inneren des Kühlschranks.

„Bin mal kurz weg", sagte ich.

In einer halben Stunde fing mein Hebräischunterricht an. Ich packte mein Heft ein und verließ die Wohnung. Das üppige Grün der Bäume in der Calle Gurruchaga. Frauen in leichten Kleidern. Ein bellender Hund. Als ich im Archiv arbeitete, hatte ich angefangen, Hebräisch zu lernen, es aber bald wieder aufgegeben – mir wurde davon ganz wirr im Kopf. Man schreibt es von rechts nach links, wie das Jiddische. Dazu all diese einander zum Verwechseln ähnlichen Buchstaben, da muss man ja *meschugge* werden. Wie konnte es sein, dass die gesamte Sprache, Literatur und Geschichte eines Volkes auf solchen Schriftzeichen beruhten? Ich hatte jedenfalls auch so schon genug *tsures*. Mit diesen Gedanken beschäftigt, klingelte ich an der Tür.

Im Flur roch es nach Essen. Ich betrat die Wohnung. Berele stand am Herd und kochte sich ein Ei. Irgendwann nahm er es aus dem Wasser, schreckte es ab und klopfte es auf. Ich legte mein Heft und den Kugelschreiber auf den Tisch. Berele bot mir einen Stuhl an und hielt mir eine laminierte Buchstabentafel hin: Alef, Bet, Gimel. Ich starrte die Schriftzeichen an. Wie viele Juden verwende ich regelmäßig jiddische Ausdrücke, die ich von meinen Eltern und Großeltern gelernt habe. Lesen oder schreiben kann ich sie deshalb noch lange nicht. Berele bestreute das Ei mit Salz.

„Schau dir das Gimel und das Zajin nochmal genau an. Die beiden sind Zwillinge, bloß zeigt beim einen der Fuß nach links, beim anderen nach rechts. Du musst nur lange genug üben, dann prägt sich dir der Unterschied ein. Das Sajin ist sorum schwanger, das Gimel andersrum. Wo bist du nur mit deinen Gedanken?"

Der Fall, mit dem ich zu tun hatte, war kaum weniger verzwickt – aber ich war ja schon immer ein Meister darin, mir das Leben schwer zu machen. Und komplett *meschugge*, als ich mich auf diese Sache einließ.

Auf dem Rückweg ging ich durch die Calle Aguirre. Das Viertel verwandelt sich allmählich in ein einziges riesiges Outlet. Dazu passt auch sein neuer Name: *Palermo Queens*. Es gibt kaum noch ein Gebäude, in dem nicht irgendetwas zum Verkauf angeboten wird. Schuhe. Handtaschen. Sportkleidung. Ich blieb vor einem Schaufenster stehen. Ich wollte mir etwas Gutes tun. Schließlich war um mich herum noch nicht alles tot. Die tiefgekühlte Leiche in der Gerichtsmedizin, das war schließlich nicht ich, sondern die junge Frau. Ich stand quicklebendig vor einem Geschäft in *Palermo Queens*, das ich nun entschlossen betrat. Drinnen steuerte ich sofort ein Regal voller Röcke an. Ich entschied mich für einen in Grün. Als sich die Verkäuferin näherte, sagte ich: „Ich seh mich ein bisschen um." Dann ging ich in die Umkleidekabine, zog mir den Rock an, drehte mich und beobachtete, wie der Stoff fiel.

Als ich nach Haus kam, war Gladys gerade damit beschäftigt, den Boden zu fegen. Sie öffnete den Kühlschrank und präsentierte mir sein Inneres. Alle Fächer waren makellos sauber. Falls sie geglaubt hatte, ich würde sie loben, hatte sie sich gründlich getäuscht.

„Und, was haben wir wieder Schönes gekauft?", fragte sie schließlich.

„Einen Rock."

„Das ist nicht gerade..." Sie fand das passende Wort nicht.

Dass ich mir so oft neue Anziehsachen kaufe, gefällt meiner *shikse* gar nicht, wenn es nach ihr ginge, würde ich ihr erlauben, mich zurückzuhalten, wenn ich mal wieder einen meiner „Anfälle" habe, wie sie es bezeichnet. Und wenn ich am Ende der Saison Kleidung weitergebe, findet sie es mehr als verdient, wenn sie die Begünstigte ist, und eine unglaubliche Verschwendung, wenn ich jemand anderen damit beglücke.

Ich bedauerte, ihr den Rock gezeigt zu haben.

„Ich hab was gefunden – hier", sagte Gladys auf einmal.

Auf dem Tisch lag die Visitenkarte von Rubén Fontana. Gladys hatte sie in der Tasche meiner Jogginghose entdeckt.

„Den Richter kenne ich", sagte sie, „der tritt ständig im Fernsehen auf, und offensichtlich gefällt ihm das." Sie dachte einen Augenblick nach. „Mal sehen, ob wir herausfinden können, welches Gericht in dem Fall zuständig ist. Wenn Sie mich fragen, übernimmt der die Sache."

Ich rief Chiquito Gold an und berichtete ihm von dem Leichenfund. Dann ging ich ins Schlafzimmer und hängte den Rock in den Schrank. Anschließend suchte ich so lange in meinen Papieren, bis ich den Fahrplan der Delta-Fähre wiedergefunden hatte.

10

Die Holzläden vor den Türen zur Galerie waren immer noch mit Vorhängeschlössern gesichert, die vor der Küche jedoch nicht ganz so fest. Ich probierte mein Glück mithilfe einer Eisenstange, die ich am Fuß der Treppe gefunden hatte. Ich schob sie in den schmalen Spalt zwischen den beiden Flügeln und versuchte, die Läden aufzustemmen. Sie rührten sich nicht. Ich drückte die Schulter dagegen und presste mit aller Kraft. Mit einem trockenen Geräusch gab das Schloss nach. Sachte schob ich das Moskitonetz zur Seite, schlüpfte hinein und zog die Läden wieder hinter mir zu. Dann schaltete ich meine Taschenlampe an. Eine Weile stand ich reglos da. Es war nichts zu hören. Ich schaltete die Taschenlampe aus und das Deckenlicht ein.

Der Boden war blitzblank. Es roch nach Raumspray und Desinfektionsmittel. Alles genau wie bei meinem ersten Besuch. Wenn Gladys mich jetzt sehen könnte, sagte ich mir. Ich war gekommen, um mir alles noch einmal ungestört und in

Ruhe anzuschauen. Durchaus vorstellbar, dass hier im Deltagebiet weiterhin Bordelle betrieben wurden. Die Flussinsel, auf der das Haus lag, war dafür in jedem Fall ein idealer Ort. Das Geschäftsgebiet der Zwi Migdal hatte sich seinerzeit bis in die Gegend von San Fernando und El Tigre erstreckt, das wusste ich, es hatte einen Bericht darüber im Archiv gegeben: „Als Empfangssaal dient der Innenhof. Die Männer stehen an der Wand und warten, bis sie an die Reihe kommen. Ohne ein Wort zu sagen oder den Nebenmann anzusehen. Stattdessen rauchen sie und starren zu Boden. Erst wenn eine Frau erscheint und den nächsten aufruft, heben sie den Blick. Dann richten sich alle Augen auf die weibliche Gestalt, um sich erneut auf die eigenen Fußspitzen zu konzentrieren, sobald sich die Tür wieder geschlossen hat." Dass die Zuhälter keinerlei Hemmungen zeigten, Frauen aus ihrer eigenen Gemeinschaft auszubeuten, musste mit der Stellung der Frau in ihrer Religion zu tun haben. Wie sonst war es zu erklären, dass diese Kriminellen gläubige Menschen waren, die ihre eigenen Friedhöfe anlegten? Frauen waren für sie von vornherein etwas Unreines. Ihre Mütter und Ehefrauen mussten in der Synagoge getrennt von ihnen sitzen, wenn möglich ein Stockwerk höher. Zugang zu den heiligen Schriften und zur Unterweisung darin hatten sie nicht. Von den Prostituierten gar nicht zu reden.

Ich lauschte aufmerksam. Wer weiß, vielleicht trieb schon bald die nächste Leiche an der Anlegestelle im Wasser, und dabei konnte es sich durchaus um mich handeln. Aber Angst hatte ich nicht. Solange ich allein bin, habe ich nie Angst.

Verkauft wurden die sogenannten Polinnen im *Café Parisien*. Dabei mussten die Frauen sich auf einer kleinen Bühne aufstellen. Wenn der Vorhang aufging, standen sie nackt vor dem Publikum. Ein Versteigerer nahm die Angebote entgegen. Kaufinteressenten konnten im Zweifelsfall auf die Bühne steigen und sich eigenhändig Gewissheit vom Zustand der Ware verschaffen. Viele Männer erschienen in Begleitung ihrer Geliebten, um sich von ihnen beraten zu lassen. Auch Bordellbesitzer waren regelmäßig dabei.

Doch nichts dergleichen zeichnete sich jetzt vor meinen Augen ab. Im Gegenteil, was ich sah, waren die mir bereits bekannten gleichförmigen Schlafzimmer mit Bronzebett, Kommode, Wäschekoffer, Sessel, Spiegel und je einem Jutevorleger zu beiden Seiten des Möbels, in dem man sich lieben, aber auch einfach nur schlafen konnte. Zur Ausstattung gehörten außerdem ein Ventilator und ein Radio. Und sorgfältig zusammengelegte Decken und Laken. Nichts davon erweckte den Anschein, dass hier irgendwelche ausschweifenden Orgien stattgefunden hatten. Ich sah sämtliche Kommodenschubladen durch. Alle waren leer. Bis auf eine kleine Schachtel voller Ringe und Halsketten. In den Koffern weitere Decken sowie Handtücher. Und in einem Frauenunterwäsche. Spitzenhöschen, Mieder, Strumpfbänder. So glatt und straff wie der Stoff sich anfühlte, waren die Sachen noch unbenutzt. Zum ersten Mal hatte ich das Gefühl, auf der richtigen Spur zu sein. Keine Frau würde solche Unterwäsche in einem Wochenendhaus in El Tigre vergessen.

Ich kehrte in die Küche zurück. Im Regal stapelten sich Tupperdosen in allen Größen und Formen. Das Zuckerschälchen war am Rand leicht angestoßen. Behälter mit Salz, Nudeln, Mehl, Brotbröseln. Ich öffnete einen davon, nahm eine Zeitung von einem Stapel, breitete sie neben der Spüle aus, schüttete den Inhalt darauf und durchforschte ihn mithilfe eines Löffels. Das Gleiche wiederholte ich mit weiteren Behältern. Plötzlich erklang ein lautes Geräusch. Ich war wie gelähmt. Es hörte sich wie eine Säge an. Ich machte das Licht aus. Wartete. Mehrere Minuten verstrichen. Ich schaltete die Taschenlampe an und ging in Richtung Küchentür. Vorsichtig öffnete ich sie. Das Geräusch wurde schlagartig lauter. Ich streckte den Kopf hervor. Der Wassertank war übergelaufen, ein kräftiger Schwall ergoss sich auf die Galerie.

Irgendwann hörte es auf, und ich zog mich wieder in die Küche zurück. Ich ließ mich auf einem kleinen Schemel nieder, umfasste die Knie mit den Händen und überlegte. Alles, was ich – außer dem Schmuck und der Unterwäsche – entdeckt hatte, war eine kleine Gürtelschnalle. Weder Drogen noch Masken oder Peitschen. Ich öffnete und schloss die Schnalle immer wieder und fragte mich, wem sie wohl gehörte. „Ich glaube, du bist dabei, dich ein bisschen zu übernehmen, liebe Ruti." Wie immer zog ich es vor, den Rat der anderen in den Wind zu schlagen, mochte er auch noch so gut gemeint sein. Ich würde mich nicht von der Sache abbringen lassen. Der Grund war immer derselbe: das Leid, das anderen Menschen zugefügt wurde. Als Mädchen fesselten mich die Geschichten von den Massakern, die die Kosaken verübt hatten. Das Treiben der Inquisition. Die Pogrome. Und auch die Qualen, die man Tieren zumutete, empörten mich. Bis ich mich schließlich gegen Gott empörte. Mit neun war mir klar, was von dieser Welt zu halten war: ein Schlachthaus, die Hölle.

Da hörte ich das Brummen eines Schiffsmotors.

Ich sprang auf und stellte mich an die Küchentür. Wieder ließ ich mehrere Minuten verstreichen. Auf einmal näherten sich vom Fluss her Schritte. Ich betrat die Galerie, lief die hintere Treppe hinunter und durch den Garten zu dem Dickicht aus Bäumen und Büschen.

II

Bei dem Wäldchen angekommen, kauerte ich mich hinter ein paar Kampferbüsche. Meine Füße versanken im Morast. Laut brummende Insekten umschwirrten mich. Ich zog mich gebückt noch tiefer ins Gestrüpp zurück. Immer wieder streiften Äste mein Gesicht. Auf einmal hörte ich eine Stimme: „He, Blondine." Ich blieb stehen. Unter einer Duftakazie stand eine offenbar zahnlose Frau in Glockenrock und abgewetztem Pullover. Auf dem Kopf eine Mütze mit der Aufschrift *El Tigre*. Sie winkte mich zu sich. Ich richtete mich auf. Jetzt konnte ich sie besser erkennen, ihr rosiges Lächeln und die kaum einen Spalt breit geöffneten Augen. „He, Blondine", sagte sie noch einmal. Ohne zu überlegen, überwältigt von der Unwirklichkeit der Situation und der Sehnsucht nach Hilfe, ging ich auf sie zu. Wenige Meter vor ihr blieb ich erneut stehen. Verwirrt wollte ich fragen, wo es zum Schiffsanleger geht, aber ein Kloß im Hals hinderte mich am Sprechen.

Ich trat noch näher. Da wurde mir bewusst, dass die Frau die Hände hinter dem Rücken verborgen hielt. Ich blieb wie angewurzelt stehen. Dann fing ich an, zurückzuweichen. Viel Zeit zu reagieren hatte ich jedoch nicht, denn auf einmal präsentierte die Frau eine Art Schofar und fuchtelte damit vor mir herum. Gebannt vom Anblick ihres zahnlosen Munds und des gewaltigen Horns in ihrer Hand war ich außerstande, mich einfach umzudrehen und davonzurennen. Sie rückte unterdessen immer weiter vor. Irgendwann kam sie mir so nah, dass ich sie nicht mehr sehen konnte. Ich sah bloß den Schatten der Bäume, den blauen Himmel darüber, das Sonnenlicht, das mich blendete. Auf einmal stolperte ich im Rückwärtsgehen über einen Ast oder einen Stein, taumelte, versank mit dem Fuß im Schlamm. Das rosafarbene Zahnfleisch und der Schofar, den die Frau inzwischen wie einen Baseballschläger erhoben hatte, kamen näher und näher. „Tot", sagte die Frau plötzlich und lachte auf. Um sich gleich darauf, als wäre ich ihr vollkommen egal, umzudrehen und im Unterholz zu verschwinden.

In der Ferne hörte ich das Tuten der Fähre.

12

Ich träumte, ich sei mit Handschellen an eine Leiche gefesselt und versänke im Fluss. Das schwarze Haar trieb vor meinem Gesicht im Wasser. Kurz bevor meine Lunge explodierte, gelang es mir, mich loszumachen, und ich sah, wie der tote Körper sich entfernte. Da klingelte das Telefon. Es war Lola. „Lang nicht mehr gesehen", sagte sie, „komm doch mal vorbei." Ich stand auf und zog mich an. Kurz darauf ging ich die Calle Gurruchaga entlang. Ich hatte das Gefühl, in einem fremden Land zu sein. Alles war mir gleichzeitig vertraut und völlig unbekannt. Ich bog in die Calle Jufré, machte bei einem Kiosk Halt und kaufte Bonbons. Ich brauchte unbedingt etwas Süßes, um in Schwung zu kommen. Ich hatte Angst, sonst gleich zusammenzubrechen.

Ich klingelte. Lolas Stimme forderte mich auf, reinzukommen. Die Tür war nicht abgeschlossen. Im Innenhof stand ein Gartenzwerg mit einer roten Mütze. Ein Käfig mit Kanarienvögeln. Töpfe mit Geranien. Eine Wäscheleine. Vier Gartenstühle, ein Klapptisch und ein Sessel, auf dem ein großes Umlegetuch aus Seide lag. Das Schiebedach war zugezogen. Vom Hof führten Türen in die Zimmer.

Lola kam auf mich zu. Sie war barfuß und trug einen Morgenmantel aus Seide mit einem Drachen auf dem Rücken. Sie schüttelte sich die Hände ab. Sie hatte sich gerade die Haare gewaschen, Tropfen fielen auf das Handtuch über ihren Schultern. Wir gingen in die Küche. Sie fragte, ob ich einen Mate trinken wolle.

„Tut mir Leid, Tee habe ich keinen mehr", fügte sie hinzu und rieb sich mit dem Handtuch die Haare trocken.

Wir hatten uns in einem Bus kennengelernt. In einer regnerischen Nacht. Die Scheiben waren beschlagen, und es war schwül. Ich war auf dem Weg nach Rosario, wo ich einen Vortrag halten sollte: „Isaac Bashevis Singer in Argentinien." Eingeladen hatte mich ein Kulturverein aus Devoto. Ich hatte mich gerade auf meinem Platz niedergelassen, als eine große, breitschultrige Frau den Gang entlangkam. Sie blieb neben mir stehen, beugte sich vor, um die Sitznummer zu entziffern. Als ich ihr Gesicht aus der Nähe sah, die gezupften Brauen, begriff ich meine anfängliche Verwirrung: Sie war nicht nur so groß und kräftig wie ein Mann, auch ihre Schuhgröße war die eines Mannes. Sie setzte sich auf den Platz neben mir.

„Oh je, ist das eine Nacht", sagte sie.

Ich presste das Gesicht an die Scheibe. Die Schranken eines Bahnübergangs, eine Reihe dunkler Häuser, vollgelaufene Straßengräben. Der Geruch nach schlafenden Körpern. Die Luft war zum Schneiden. Obwohl es fast dunkel war, holte ich meinen Vortragstext hervor und ging einige Stellen noch einmal durch: Gleich nach seiner Ankunft in Buenos Aires war Singer losgezogen, um die Stadt kennenzulernen. Unter anderem war er die Calle Junín und die Calle Paso entlanggegangen, wo damals die Bordelle waren. Er klagte über die Feuchtigkeit und darüber, dass ihm die *kishkes* weh taten. Auch mir war flau im Magen. Irgendwann bekam ich heftiges Sodbrennen. Ich hatte zu viel von dem Nachtisch gegessen, vor allem aus Nervosität, weil ich den Koffer noch nicht fertig gepackt hatte. Ich verschränkte die Arme. Legte sie auf den Bauch und drückte ihn sanft. Draußen versank die Welt im Regen. Die Straße glänzte im Licht der Scheinwerfer. Ich krümmte mich zusammen und fühlte mich hundeelend. Auf einmal drehte mein Sitznachbar sich zu mir um und fragte, ob etwas sei. Dann öffnete er sein rosafarbenes Lacktäschchen und ließ mich einen Blick hinein werfen. Es enthielt eine komplette Reiseapotheke. Er bot mir eine Tablette und einen Schluck Mineralwasser an. Ich zögerte, aber die Übelkeit wurde immer schlimmer. Kaum hatte ich die Tablette geschluckt, ging es mir besser.

Wir unterhielten uns, bis wir in Rosario ankamen.

Lola stand auf und erschien kurz darauf mit zwei Paaren Stöckelschuhen in den Händen.

„Welche findest du besser?"

Wir gingen ins Schlafzimmer. Auf dem Bett lagen Miniröcke, eng geschnittene T-Shirts, mehrere Oberteile, bunte Strumpfhosen. Es gab zwei mit Häkeldeckchen belegte Nachttische. Einen Schminkkasten. Es roch nach Parfüm und Mottenpulver. Auf der Kommode stand ein Fernseher. Lola nahm ein Paar Strumpfhosen und einen Leopardenfelltanga. Dann setzte sie sich aufs Bett und rollte die Beine der Strumpfhose auf. Sie schlüpfte in das erste hinein und zog es hoch bis zum Knöchel.

„Erst den Slip", sagte ich.

„Nein", sagte Lola, „erst die Strumpfhose."

Sie schlüpfte in das andere Strumpfbein.

„Dann beult es sich nicht so aus."

Sie drehte mir den Rücken zu und zog sich die Strumpfhose bis über die Hüften.

„Knöpfst du mir das Mieder zu?"

Lola hatte zu jedem Kunden eine eigene Karteikarte angelegt. Der eine kam zu ihr, weil es mit seiner Frau nicht klappte, der nächste, weil er sich an seiner Frau dafür rächen wollte, dass sie ständig so viel Geld ausgab. Der dritte war auf der Suche nach Entspannung. Außerdem gab es den Familienvater, den lüsternen Alten, den Einsamen. Ich sah zu, wie sie sich ein ärmelloses Kleid überzog. Anschließend griff sie sich in den Ausschnitt und rückte die Brüste zurecht. Dann zog sie sich die Augenbrauen nach. Glitzernder Lidstrich. Wimperntusche. Rouge auf Wangen, Kinn und Nasenwurzel. Als sie mit dem Lippenstift fertig war, schaltete sie den Fernseher ein. Es gab eine Witzsendung, bei der man Preise gewinnen konnte. Eine Assistentin kam hinter einer Stellwand hervor und überreichte der Moderatorin einen Umschlag. Sie öffnete ihn und wählte die angegebene Telefonnummer.

„Warum gehst du nicht dran?"

Sie versuchte es erneut.

„Na komm schon, nimm den Hörer ab...", flehte die Moderatorin.

„Darf ich?", sagte ich und streckte die Hand nach der Fernbedienung aus.

Ich gehöre nicht zu den Leuten, die meinen, jedem erzählen zu müssen, dass sie „mit einer Transe befreundet" sind. In dieser Hinsicht bin ich jedoch trotzdem froh, dass Mama und Papa nicht mehr am Leben sind: Ihnen Lola vorzustellen hätte ich nie gewagt.

Ich schaltete um. Auf dem nächsten Kanal lief eine Nachrichtensendung. Streikende hatten die Avellaneda-Brücke besetzt. Impfstoff, dessen Verfallsdatum längst überschritten war, war vom Markt genommen worden. Steigende Lebensmittelpreise. Die Bundespolizei hatte eine Minderjährige befreit, die man zur Prostitution gezwungen hatte. Der Besitzer des Bordells war verhaftet worden.

Lola machte auf der Kommode eine Linie Koks bereit. Sie sog das Pulver mit der Nase auf und legte anschließend den Kopf in den Nacken. Auf dem Bildschirm erschien Bundesrichter Fontana und gab Erklärungen zum Fall der befreiten jungen Frau ab. Ich betrachtete seine Glatze, das Gesicht ohne Wimpern und Augenbrauen. Beim Sprechen starrte er in die Kamera. Ich starrte gebannt zurück. Inzwischen wusste ich mehr über diesen Mann. Er hatte gute Beziehungen zu höchsten Polizeikreisen und war befreundet mit Angehörigen aller wichtigen Botschaften.

„Ich bin so weit", sagte Lola. Dann deutete sie auf Fontana und sagte: „Der ist auch ein Kunde von mir."

Richter Fontana war tatsächlich ein bekannter Mann.

Zwischen den Eisenstangen an meiner Haustür steckte ein Flyer, Werbung von einem Pizzaservice. Während ich den Schlüssel hervorholte, bewegten sich die Gardinen der Nachbarn. Auf einmal hatte ich das Gefühl, sie lägen schon seit jeher dort auf der Lauer. Als ich die Wohnung betrat, hörte ich das Telefon klingeln. Ich ließ den Zettel auf den Tisch fallen und stürzte an den Apparat. Eine Männerstimme fragte:

„Ruth Epelbaum?"

13

Ich antwortete nicht sofort. Die Stimme klang wie die meines Zahnarzts, und einen Augenblick lang dachte ich, ich hätte einen Termin vergessen. Ich sah zum Fenster hinaus. Vor dem Haus gegenüber stand ein Auto. Eine Frau kam aus dem Gebäude und stieg ein. Wie gerne wäre ich die Frau gewesen, wie gerne hätte ich mich von jemandem abholen lassen, um irgendwo hinzufahren, wohin auch immer.

„Ist das der Anschluss von Ruth Epelbaum?" Der Anrufer gab nicht so schnell auf.

„Ja."

„Ist sie zu Hause?"

„Nein."

„Mit wem spreche ich?"

„Mit der Hausangestellten."

„Kann ich eine Nachricht hinterlassen?"

„Ja."

„Das Geschenk ist fertig."

„Was für ein Geschenk?"

„Das sie bei uns bestellt hat", sagte die Stimme. Dann fuhr sie zögernd fort: „Können Sie ihr das bitte ausrichten?"

Ich legte auf. Ich packte ein Bonbon aus und schob es mir in den Mund. Meine Beine zitterten. Das Herz schlug wie wild. Ich brauchte unbedingt eine Dusche. Ich ging ins Bad und drehte den Hahn auf. Während ich wartete, dass der Durchlauferhitzer in Fahrt kam, cremte ich mir das Gesicht ein. Als ich gerade unter die Dusche getreten war, klingelte wieder das Telefon. Ich wickelte mich in ein Handtuch und ging zum Apparat. Auf dem Boden bildete sich eine Pfütze.

„Ja?"

Am anderen Ende wurde aufgelegt.

Da erschien Gladys. Sie machte ein geheimnisvolles Gesicht, als wäre sie mir überlegen, weil sie etwas wusste, wovon ich, zumindest vorläufig, keine Ahnung hatte. Ich kehrte unter die Dusche zurück. Danach zog ich mich an. Als ich wieder in die Küche kam, hatte Gladys bereits Wasser aufgesetzt. Als es kochte, goss sie es in die Teekanne, kippte die Kanne über der Spüle aus und setzte frisches Wasser auf. Dann beugte sie sich über den Tisch und schob den Papierstapel zur Seite. Den freien Teil der Oberfläche wischte sie mit dem Küchentuch ab. Anschließend legte sie zwei Sets bereit. Als die zweite Portion Wasser kochte, gab sie Blätter in die Kanne und goss auf. Kurz darauf schenkte sie zwei Tassen Tee ein und wir setzten uns.

„Was machen die Nachforschungen?", sagte sie.

„Bis jetzt nichts."

Manchmal fragte ich mich, ob ich mich nicht allzu sehr Gladys' Willen unterwarf, indem ich mich so klaglos in ihre Gewohnheiten fügte. Aber mein Drang, sie durch jemand anderen zu ersetzen, war nicht stark genug. Sie war längst ein fester Bestandteil meines Lebens geworden, so wie die Möbel meiner Wohnung oder das Material aus dem Archiv.

„Der Todesfall in Haedo ist aufgeklärt worden", verkündete sie.

Ich erinnerte mich: Eine junge Frau war vom Zug überfahren worden. Offensichtlich war es ein Unfall gewesen. Doch dann hatten die Polizisten eine Blutspur entdeckt, die zu einer nahe gelegenen Baracke führte. Wie sich nun also herausgestellt hatte, war die Frau dort niedergestochen worden. Anschließend hatte sie versucht, auf der Suche nach Hilfe die Gleise zu überqueren.

Ich unterbrach Gladys.

„Kann ich Sie um einen Gefallen bitten?"

„Natürlich."

„Könnte Ihr Mann sich die Akte mal ansehen?"

„Die von der ertrunkenen Frau?"

„Ja."

Gladys überlegte. Sie trank einen Schluck Tee. Dann riss sie ein Stück von einer Zeitungsseite ab, schrieb in Druckbuchstaben „Autopsiebericht" darauf und steckte den Zettel in ihre Handtasche.

Als sie wieder mit der Geschichte aus Haedo anfangen wollte, bat ich sie, eine Suppe zu kochen. Dann ging ich hinaus, in die Calle Gurruchaga. Ich entdeckte ein neues Geschäft, hatte aber keine Lust, nach Angeboten zu stöbern. Hartnäckig verfolgten mich alle möglichen Geister der Vergangenheit, die sich durch nichts abschütteln ließen. Sie drängten auf eine Antwort, die ich ihnen nicht bieten konnte. Wie immer hatte ich bei den Papieren Zuflucht gesucht. Dort musste sich doch etwas finden lassen. Ebenso klar war mir jedoch, dass das Herumwühlen in meinen Unterlagen und das Betrachten alter Fotos – voller Gesichter, die mich nicht sehen konnten – nur ein Vorwand war, ein Ausweichmanöver, ein Versuch, die Entscheidung hinauszuzögern. Unversehens stand ich vor der Nationalbibliothek. Sehnsüchtig stieg ich die breite Treppe empor und freute mich schon, gleich im milden Licht, das durch die Fenster drang, an einem der großen Tische zu sitzen. Die Bibliothek war wegen Streik geschlossen.

Ich ging zur Haltestelle des 95ers in der Avenida de Las Heras. Eine Stunde später war ich in Avellaneda. Ich brauchte noch mehr Informationen über die Zwi Migdal. Ortsangaben – wo war was gewesen, wo hatte was stattgefunden? Die möglichen Folgen meiner Idee und ob sie überhaupt irgendeinen Sinn hatte, darüber dachte ich nicht nach. Hauptsache, eine Idee, etwas, woran ich mich halten konnte. Ich betrat das Gebäude des Archivs. Leitern, Kartons, Akten. Eine Frau half mir, das Gewünschte zu finden. Ich verbrachte den ganzen Vormittag damit, mich einmal mehr davon zu überzeugen, dass sich hier nichts Neues über meinen Fall herausfinden ließ. Das Leben von Noé Trauman war der reinste Abenteuerroman, aber das wusste ich schon vorher. Der spätere Anführer der Zwi Migdal war auf der Flucht vor der österreichisch-ungarischen Polizei von Polen nach Argentinien gelangt. Er hatte zu den Anarchisten gehört und sich irgendwann mit Bakunin angelegt. In Buenos Aires angekommen, hatte der Politiker Alberto Barceló sich seiner angenommen und ihm eine Wohnung in Avellaneda besorgt. Von dort aus hatte er angefangen, Frauen aus Osteuropa zu importieren.

Als ich gerade gehen wollte, trat ein alter Mann zu mir.

„Sie interessieren sich also für die Geschichte der Zwi Migdal", sagte er lächelnd.

Ich merkte sofort, dass ich in die Falle geraten war. Wie so viele alte Menschen würde er, wo er schon mal einen Zuhörer gefunden hatte, die Gelegenheit nicht ungenutzt lassen, sein gesamtes Wissen auszubreiten. Er stellte Frage um Frage: Wonach genau ich auf der Suche sei, ob ich an der Universität arbeitete, ob ich die Fotos der Gräber kennen würde, ob ich von der Schändung dieser Gräber gehört hätte. Sein Gedächtnis war beeindruckend: „Am Hauptsitz in der Calle Córdoba gab es auch eine Synagoge. Dort fanden Hochzeiten statt. Nach argentinischem Recht waren sie ungültig, aber sie dienten dem Zweck, die Prostituierten durch die Anrufung Gottes fest an ihre Zuhälter zu binden." Ich fragte, bis wann die Organisation tätig gewesen sei. Meinen Unterlagen nach habe die Aussage Raquel Libermans vor Richter Rodríguez Ocampo das Ende eingeläutet. Die Justiz habe daraufhin das Netz aus Helfern und Unterstützern aufgelöst und die Mitglieder der Organisation angeklagt.

„Bis in die dreißiger Jahre", bestätigte der alte Mann.

„Und wie sind die Prozesse ausgegangen?"

Die Haut des Alten war mindestens so rissig und faltig wie das Leder seiner Schuhe und der derbe Stoff seiner Jacke.

„Sie haben alle laufen lassen."

„Hat sonst noch jemand Anzeige erstattet?"

„Nein, niemand. Es gab einen Schweigepakt."

Der Alte kratzte sich am Kinn.

„Und der Friedhof?"

„Selbst die Grabplatten haben sie davongeschleppt. Die Stadt hat das Gelände irgendwann geschlossen."

Er sprach weiter, erzählte vom Staatsstreich Uriburus.

„Könnte es sein, dass die Organisation immer noch besteht?", hörte ich mich zu meiner Überraschung plötzlich fragen. Der Alte verstummte. Er sah mich an, als wäre ich verrückt, richtete sich auf, streckte mir die Hand hin und verabschiedete sich. Ich gab die Unterlagen zurück, verließ das Archiv und ging wieder zur Haltestelle des 95ers. Inzwischen war es Mittag und ich hatte Hunger. Ich wickelte ein Bonbon aus. Bei der Rückfahrt nickte ich ein. Erst im Stadtzentrum wurde ich wieder wach. Zu Hause empfing mich der Geruch von Suppe. Als ich die Jacke auszog, klingelte das Telefon.

„Ja", sagte ich, „hallo?"

„Ruth Epelbaum?"

Im Hintergrund waren Geräusche zu hören.

„Ja", sagte ich, „das bin ich. Wer ist da, bitte?"

Ich warf einen Blick auf den Flyer des Pizzaservices auf dem Tisch neben mir und hörte weiterhin die Geräusche im Hintergrund. Dann wieder die Stimme, rau wie die meines Zahnarzts.

„Chiquito Gold", sagte die Stimme, „haben Sie mich vergessen?"

Als am anderen Ende aufgelegt worden war, rief ich Lea an und bat sie, mit mir ins Fitnessstudio zu gehen.

14

Als ich ankam, war Lea noch nicht da. Ich zog den Bund meines Oberteils zurecht. Vom Reiben des Stoffs bekam ich Hautausschlag. Am Empfang saß die Frau mit den Kunststoffbrüsten. Sie starrte auf den Bildschirm ihres Computers und leckte an einem Eis. Ich nickte ihr zu und stahl mich in Richtung Fitnessraum davon. Er war fast leer. Nur zwei Frauen trainierten ganz am hinteren Ende. Die eine betätigte sich an einer Kraftstation, die andere machte mithilfe eines Lederbands Poübungen.

Ich ging wieder hinauf und warf einen Blick Richtung Empfangstresen. Ich hatte das Gefühl, gleich werde Willie im Eingang erscheinen. Es war kein gutes Gefühl. Wahrscheinlich auch deshalb, weil mir kurz vor dem Fitnessstudio die *kurva* entgegengekommen war. Ihr Gesicht war wie versteinert. Und an der Ecke war mir eine schwarze Katze über den Weg gelaufen. Auf dem Bildschirm gab Fontana weiterhin ungerührt seine Erklärungen ab. Während ich nun den Aerobicsaal ansteuerte und die Stimmen hörte, die von dort zu mir drangen, fragte ich mich, ob Débora und ihr Fitnesstrainer ...

„Los, wir haben nicht den ganzen Tag Zeit."

Vor der Gruppe stand ein kleiner gedrungener Mann mit kurzem dickem Hals. Ich erkundigte mich nach Willie. „Der hat heute frei", antwortete er.

Der Aerobicsaal war voll.

Der Trainer klatschte in die Hände.

„Jetzt alle im Kreis."

Ich lief los. Da erschien Lea am Eingang des Saals. Wie kann sie sich bloß so gehen lassen?, sagte ich zu mir. Sie musste mehr als drei Kilo abgenommen haben. Ihre Gesichtshaut war trocken und rissig. Die Hose schlotterte ihr um die Knie. Ich hob den Arm und winkte ihr zu. Sie winkte zurück. Dann stellte sie ihre Wasserflasche auf einem Lautsprecher ab und reihte sich ein. Als sie zu mir aufgeschlossen hatte, liefen wir eine Weile nebeneinander her. Irgendwann hängte ich sie ab. Als ich sie von hinten wieder eingeholt hatte, verringerte ich das Tempo.

„Tut mir leid wegen neulich", sagte Lea.

„Schon gut."

„Fast wäre ich zu Haus geblieben."

„Mauri?"

Tränen traten ihr in die Augen.

Plötzlich verstummte die Musik. Der Trainer ging zur Anlage und drückte auf einen Knopf nach dem anderen, aber es tat sich nichts. Er holte die CD raus, wendete sie ratlos hin und her. Dann legte er sie wieder ein. Schließlich klatschte er in die

Hände und gab so das Zeichen, dass diese Trainingseinheit beendet war. „Umso besser", sagte Lea und wischte sich mit dem Handrücken den Schweiß von der Stirn. Wir legten Matten auf dem Boden aus und setzten uns. Ich deutete auf eine Frau mit neonfarbenen Leggins in der ersten Reihe. Lea zwinkerte mir zu. Ich bot ihr ein Bonbon an und fragte nach Chiquito Gold.

„Als Kinder waren wir Nachbarn", sagte Lea. So wie ich alle Mitglieder der *kehilla* von Paraná kannte, verkehrte Lea mit jedem Zweiten aus der jüdischen Gemeinde von Buenos Aires. „Unsere Eltern schickten uns auf die Zhiklovsky-Schule. Und in den Sommerferien nach Zumerland. Im Pingpong war Chiquito nicht zu schlagen. Im Chor sang er auch. Dort hat er seine erste Frau kennengelernt. Weil sie keine Kinder bekommen konnte, haben sie sich irgendwann getrennt. Er hatte sich untersuchen lassen, und er stand tatsächlich voll im Saft." Lea bekam allmählich wieder Luft. „Die zweite Frau war die Tochter eines Juweliers von der Calle Libertad. Als sie heirateten, schloss Chiquito sich den Orthodoxen an."

Sie holte ihre Wasserflasche und trank daraus.

„Seitdem haben wir den Kontakt verloren."

Sie stellte die Flasche wieder auf den Lautsprecher.

„Wir sehen uns bloß ab und zu bei einer Hochzeit oder einer Beerdigung."

Sie senkte die Stimme.

„Mit der anderen Frau klappte es auch nicht."

Auf einmal ertönte wieder Musik. Lea verdrehte die Augen. Wir standen auf.

Lea hatte in der Synagoge in der Calle Camargo geheiratet. Bevor sie ihren Mann kennenlernte, war sie eine der vielen Jugendlichen aus ihrer Gemeinde gewesen, die begeisterte Anhänger der Sowjetunion waren. Sie lasen gemeinsam politische Schriften, sangen Lieder von Mercedes Sosa, Tejada Gómez und aus dem spanischen Bürgerkrieg. Ihren Mann lernte sie aber nicht in der Gemeinde kennen, sondern bei der Bar Mitzwa eines Nachbarn. Kochen hatte Lea schon immer gefallen. Also machten sie den *Tatekosher* auf. Nach Mauris Geburt zog sie sich ganz ins Privatleben zurück und verbrachte ihre Zeit mit Burako-Spielen und der Lektüre von Ratgeberbüchern.

„Sie sind erst sehr spät Eltern geworden", sagte Lea.

Genau wie du und dein Mann, sagte ich mir.

„Stepper", sagte der Trainer.

Lea nahm sich einen und stellte ihn vor einen Spiegel. „Chiquito hat Débora immer streng kontrolliert. Er hat aufgepasst wie ein Schießhund und nie ein Auge von ihr gelassen."

Ich fragte, ob sie Osvaldo Caro kannte.

„Den Angestellten?", fragte sie zurück. „Der arbeitet schon seit Jahren in dem Geschäft. Man könnte ihn glatt übersehen, er ist praktisch unsichtbar, das reinste Gespenst. Aber jetzt, wo du es sagst", fügte sie hinzu, „ich glaube, er war schon immer verrückt nach der Kleinen."

Der Trainer erteilte die Anweisung, das linke Bein anzuziehen und auf dem rechten zu hüpfen.

„Und jetzt beugen und strecken, beugen und strecken."

Ich machte die Übung und wechselte dabei mehrfach die Seiten. Ich hatte Schweißflecken unter den Achseln und wünschte mir nichts so sehr wie nach Hause zu gehen und eine Tasse Tee und *lekach* zu mir zu nehmen. Andererseits hatte mich niemand gezwungen, mich auf diese Geschichte einzulassen. Inzwischen war sie für mich aber gewissermaßen Ehrensache, und ich war bis zum Hals darin verstrickt. So gut ich mir jedenfalls vorstellen konnte, dass Chiquito Gold folgsam alle *mitzvot* einhielt, so schwer fiel mir der Gedanke, mir Débora beim rituellen Kerzenanzünden vorzustellen. Aber jede Familie hat schließlich ihre Geheimnisse. Ich brauchte bloß an Tante Malke zu denken. Papas Tante. Vor mir erschien eine nächtliche Szene: meine Eltern und ich beim Abendessen in der Küche. Mama sieht mir und Papa beim Essen zu. Plötzlich legt sie die Gabel auf den Tisch und starrt Papa an. Sie fragt, ob er die Kohle mitgebracht hat. Wortwörtlich: die Kohle. Dann spricht sie von Tante Malke. Sie sagt, dass in diesem Monat nichts gekommen ist. Papa antwortet nicht. Er schiebt den Teller zurück und ballt die Faust. Mama sagt, die Rechnung beim Lebensmittelhändler müsse bezahlt werden, und dafür reiche sein Gehalt nicht. Sie sagt: „Unser *shein meidale* braucht Kleidung. Und sie braucht Schuh." Dann blickt sie zum Telefon hinüber. Ich hoffe, dass Papa den Mut aufbringt und etwas sagt, nur ein Wort, aber er bleibt stumm, ballt bloß die Fäuste.

„Hanteln", sagte der Trainer.

Ich wickelte das nächste Bonbon aus.

„Débora hätte ich mir für Mauri gewünscht", sagte Lea und sah mir in die Augen. „Auch wenn du es nicht glaubst: Mein Sohn ist ein Schatz."

Der Trainer erklärte, wie gut es sei, den Bizeps zu trainieren, und Lea breitete, in jeder Hand eine Hantel, die Arme aus. Mit dem Rücken zu uns erläuterte der Trainer, der Bizeps heiße Bizeps, weil er aus zwei verschiedenen Muskeln bestehe. Unter dem Gewicht der Hanteln spannten sich die Arme an.

„Und jetzt alle", sagte der Trainer.

„Mauri ist das Licht meiner Augen", sagte Lea. „Und ich möchte endlich Großmutter werden."

Sie hob die ausgestreckten Arme bis auf Schulterhöhe. Ließ sie sinken. Hob sie wieder an. Der Trainer zählte vor. Zwei. Drei. Vier. Fünf. Sechs. Dann fing er von vorne an. „Es muss brennen", rief er, „es muss brennen." Lea trank einen Schluck Wasser. Dann verschränkte sie die Hände auf dem Kopf. Der Trainer gab ihr schwerere Hanteln. Leas Arme bogen sich nach hinten. Ihr Gesicht war rot. An der Schläfe trat eine Ader hervor, sie zog sich vom Haaransatz bis zum Ohr.

„Was Sie brauchen, ist eine Cola und ein ordentlicher Hot Dog", sagte der Trainer zu ihr.

Lea steuerte den Ausgang des Aerobicsaals an.

Ich folgte ihr in den Duschraum. Ich hatte sie noch nie so erlebt. Ich hatte auch noch nie erlebt, dass sie so wie jetzt stumm zu weinen anfing, das Gesicht in den Händen verborgen. Sie schüttelte sich wie unter einem heftigen Stromstoß. „Mauri hat Tabletten genommen", schluchzte sie. Ich trat zu ihr und legte ihr die Hand auf die Schulter. Ich schlug vor, irgendwo einen Tee trinken zu gehen. „Ist gleich vorbei", sagte sie. Eine Zeitlang schniefte sie noch. Dann ging sie zum Waschbecken und drehte den Hahn auf. Sie ließ das Wasser eine Weile laufen. „Noch zehn Minuten, dann ist der Kurs zu Ende", sagte sie, während sie sich das Gesicht abtrocknete.

15

Als ich mich vor dem Fitnessstudio von Lea verabschiedet hatte – sie hatte es eilig und machte sich mit raschen Schritten davon –, betrat ich die gegenüberliegende Bar. Eine Weile saß ich vor einem Kaffee und einem Stück Kuchen, spielte mit meinem Taschenmesser herum und überlegte, wie ich weiter verfahren sollte. Vorläufig konnte es jedenfalls nicht schaden, wenn ich hier sitzen blieb und durch die Fensterscheibe zwei jungen Männern zusah, die auf dem Tennisplatz neben dem Fitnessstudio einen Ball hin- und herschlugen. Das aufgewirbelte Ziegelmehl ballte sich knapp über dem Boden zu kleinen Wolken zusammen. Der Platzwart entrollte mit langsamen Bewegungen einen langen Schlauch. Er trug bis zu den Knien hochgekrempelte weiße Hosen und ein Muskelshirt. Als er das Wasser aufdrehte, bildete es einen glitzernden Bogen.

Vor dem Fitnessstudio lagen zwei rosafarbene Hunde auf dem Gehweg, fast ohne Fell und mit dunklen Hautflecken. Der eine hob jedes Mal, wenn ein Auto vorbeifuhr, den Kopf. Der andere rührte sich nicht. Neben ihnen befanden sich ein Sandhaufen und ein Stapel Zementsäcke. Im Eingangsbereich, jenseits der Glastür, war auf der einen Seite weiterhin die Bretterwand zu sehen, mit der Aufschrift: In Kürze hier auch Pilates.

Nach und nach kamen die übrigen Kursteilnehmerinnen heraus. Sie verabschiedeten sich mit einem Wangenkuss. Etwas später fuhr ein junger Mann auf einem Motorrad vor. Er hielt an, stieg ab, überprüfte die Adresse und holte eine Pizza aus einer Metallkiste. Erneut warf er einen Blick auf seinen Lieferschein. Dann betrat er das Fitnessstudio. Am Empfangstresen war niemand. Der junge Mann sah sich suchend um. Doch statt die Pizza auf der Theke abzustellen oder in Richtung Aerobicsaal weiterzugehen, wandte er sich zur Seite und schlüpfte hinter die Bretterwand. Ich starrte verwundert auf die Stelle, wo er gerade noch gestanden hatte. Nach einer Weile tauchte der junge Mann wieder auf, bestieg das Motorrad und fuhr davon.

Ich überquerte die Straße und betrat das Fitnessstudio. Am Empfangstresen war immer noch niemand. Der Computer war aber an, der Bildschirm leuchtete. Im Fitnessraum war kein Mensch. Als ich umdrehen und wieder hinaufgehen wollte, hörte ich die Stimme des Trainers: „Mäuschen?" Ich sah mich um. An der Wand war ein feuchter Fleck. Daneben ein Laufband. Eine Waage. „Mäuschen?", rief der Trainer erneut, „wo steckst du?" Gleich neben mir war die Tür zu einer Toilette. Ich presste mich mit dem Rücken dagegen. Mit gespreizten Beinen stand ich stocksteif da und hörte die sich nähernden Schritte des Trainers. Da ließ sich auf einmal eine

Frauenstimme vernehmen: „Dicker?" Bevor man mich beim Herumspionieren entdeckte, konnte ich gerade noch in der Toilette verschwinden.

Kaum hatte ich die Tür hinter mir zugezogen, hörte ich draußen den Trainer vorbeigehen. Dann Stille, kurz darauf Keuchen. Vorsichtig öffnete ich einen Spalt breit die Tür und sah hinaus. Die Frau mit den Neonleggins stand vornübergebeugt an einer Kraftstation. Die Leggins hatte sie bis zu den Knien hinuntergezogen. Der Trainer umfasste sie von hinten, auf Höhe der Hüften. Die Stöße wurden von Mal zu Mal heftiger. Die Frau ließ den Kopf zwischen den Armen hinabhängen. Die Spange war aufgegangen, das Haar verdeckte einen Teil ihres Gesichts. Sie klammerte sich mit aller Kraft an die Griffe. Ich schlich hinter ihnen vorbei, die Treppe hinauf und zurück zum Eingangsbereich. Dort näherte ich mich der Bretterwand. An einer Seite war eine Eisentür. Als ich sie öffnete, quietschte sie leise. Der Raum dahinter wurde nur von dem durch die Ritzen in den Brettern fallenden Licht erhellt. Ich klatschte in die Hände. Niemand antwortete. Ich schritt voran. Trat gegen eine Dose. Einen Stein. Stieß mit dem Knie gegen einen Stapel Zementsäcke. Massierte mir eine Weile das Knie. Dann ging ich weiter. Am anderen Ende war wieder eine Tür. Ich öffnete und betrat das dahinterliegende Zimmer. Es roch nach Feuchtigkeit. Offensichtlich war hier schon lange nicht mehr gelüftet worden. Ein Schrank. Stühle. Ein Tisch. Darauf eine halb volle Flasche Cola. Ein leerer Eiswürfelbehälter. Ein schmutziges Glas.

Etwas Kaltes und Glitschiges streifte meinen Knöchel. Ich presste mir die Hand auf den Mund, um nicht laut loszuschreien. Ich blieb stehen, bis sich meine Atmung beruhigt hatte. Es war noch nicht zu spät, um umzudrehen und zu verschwinden. Ich lauschte aufmerksam. Ich wusste selbst nicht, wonach ich auf der Suche war, aber mein immer schneller werdender Puls schien mir anzuzeigen, dass ich kurz vor einer wichtigen Entdeckung stand. Ein Geräusch ließ mich zusammenfahren – ein Kühlschrank war angesprungen.

Ich ging langsam weiter. Das Einzige was zu hören war, waren meine eigenen Herzschläge. Allmählich beruhigte ich mich wieder. Auf der gegenüberliegenden Seite des Zimmers waren zwei Türen. Ich öffnete die nähere von beiden. Dahinter lag ein Schlafzimmer. Das Bett war nicht gemacht, das Kissen zeigte noch den Abdruck eines Kopfes. Gewechselt worden war das Bettzeug offenbar schon lange nicht mehr. An der Decke eine Neonröhre. An der Wand ein Foto von Maradona und ein Heiligenbildchen. Im Kleiderschrank zwei ausgefranste Decken. Daneben eine Sporttasche mit Hosen, T-Shirts, Turnschuhen und mehreren CDs. Auf dem Nachttisch eine halbvolle Dose Energydrink und die nicht angerührte Pizza – wer auch immer sie bestellt hatte, vor Hunger umgekommen war er offensichtlich nicht. Ich zog die Schublade auf. Beruhigungsmittel, Anxiolytika. Eintrittskarten für ein Techno-Konzert. Auf dem Boden lagen mehrere leere Bierflaschen. Und auf dem Bett ein zusammengeknülltes Handtuch mit dunkelroten Lippenstiftspuren.

Ich versuchte, die andere Tür zu öffnen. Es gelang mir nicht, so sehr ich auch drückte und rüttelte. Ich ging in die Hocke und stellte fest, dass der Türknauf einen schmalen Schlitz aufwies. Es handelte sich also um eins dieser Schlösser, die man nur von innen verschließen kann, indem man an einem kleinen Knopf dreht. Ich schob die Spitze meines Taschenmessers in den Schlitz, dann eine Feile, die ich nach längerem Suchen in einer Kommode entdeckte.

Irgendwann bekam ich die Tür auf. Das Klappfenster in dem dahinter befindlichen Bad war zu, es stank fürchterlich. Auf der Gummimatte stand ein Paar Flip-Flops. Ein Einmalrasierer und eine Tube Rasierschaum. Daneben auf dem Boden ein T-Shirt. Der Duschvorhang war grün-weiß und mit einem Palmenmuster bedruckt. Ich zog ihn auf. In der Wanne lag Willie. Mit angezogenen Knien, in Embryonalhaltung. Ich berührte ihn. Eis hätte nicht kälter sein können.

Es war nichts mehr zu machen. Ich schloss hinter mir die Tür. Am Ausgang begegnete ich niemandem. Alles genau wie zuvor. Nur hatte ich gerade in einer Wanne des Fitnessclubs die Leiche des *shvartsen* gefunden. Schade um den hübschen Kerl. Draußen war die Sonne untergegangen.

Höchste Zeit, Pablo Filkenstein einen Besuch abzustatten.

16

Seit zwei Stunden hockte ich jetzt schon am Busbahnhof. Ich hatte Pablo Filkenstein angerufen, um meinen Besuch anzukündigen, und er hatte sich überrascht gezeigt: „Na sowas, fünf Jahre hast du dich nicht mehr blicken lassen", hatte er gesagt. Ich hatte überlegt, ob ich ihm von Bundesrichter Fontana erzählen solle, es dann aber gelassen. Dafür gab es Zeit genug, wenn ich bei ihm war. Die Anzeigetafel für die Abfahrten und Ankünfte war kaputt. Ich ging zur Bar. Ein Mann sah einen Katalog mit Stoffmustern durch. Eine Frau saß vor einem großen Milchkaffee. Ich blickte auf die Uhr: In zehn Minuten ging es endlich los. Kurz darauf kam der Bus angefahren. Ich stieg ein und setzte mich auf einen Fensterplatz. Während ich noch mein Spiegelbild in der Scheibe betrachtete, ließ sich ein Mann neben mir nieder. Dann wurde die Innenbeleuchtung ausgeschaltet.

 Langsam verließ der Bus den Bahnhof. Dann nahm er allmählich Fahrt auf. Ich konzentrierte mich auf das, was es draußen zu sehen gab. Die Stadt wirkte wie aus Stein gemeißelt. Erleuchtete Balkons. Werbeplakate. Die Leuchtreklamen der Stundenhotels. Fabriken mit Signallampen und Wächterhäuschen an den Zufahrten. Ich drehte mich zu meinem Sitznachbarn um. Der Mann war eingeschlafen. Er hatte sich die Jeansmütze ins Gesicht gezogen wie jemand, der sich nach einem Picknick ins Gras legt, um Siesta zu halten. Ich holte ein Bonbon aus der Tasche, wickelte es aus und schob es mir in den Mund. Ich blinzelte in der Hoffnung, einschlafen zu können.

Warum fuhr ich ausgerechnet zu Pablo Filkenstein? Ich kannte ihn seit der Zeit beim Archiv. Ein junger Mann mit Brille und Sommersprossen und einem wirklich beachtlichen *potz*. Ich weiß noch, wie er zum ersten Mal im Archiv erschien. Er war auf der Suche nach Informationen über Jevel Katz, einen Liedermacher, der zu bekannten Stücken neue Texte schrieb, die er mit einer ziemlich eigenwilligen Intonation vortrug. In jedem Fall wunderte ich mich, dass ein junger Mann sich für einen Sänger interessierte, an den sich kaum noch jemand erinnerte, obwohl sich bei seiner Beerdigung in der Calle Paso und den angrenzenden Straßen – von der Calle Corrientes bis zur Calle Córdoba – die Menschen gedrängt hatten. Zahlreiche Autos waren dem Leichenwagen gefolgt, und vor dem Teatro Mitre wie auch vor dem Teatro Excelsior hatte man angehalten, um dem Toten die Ehre zu erweisen. Jevel Katz war in den 30er Jahren aus Litauen nach Argentinien gekommen. Er verfügte über die besondere Begabung, sich alles, was er zu hören und zu sehen bekam, umgehend zu eigen zu machen:

Bin Litauer zwar,
doch bloß eineinhalb Jahr
und schon sing ich wie ein Spanier...

Unter dem Vorwand, das Thema weiterverfolgen zu wollen, erschien Pablo von da an immer öfter im Archiv. Ich bereitete uns dann jedes Mal mit einem Tauchsieder Tee zu. Anschließend saßen wir uns reglos gegenüber, jeder in seine Lektüre versunken. Schließlich kam Pablo täglich. Einmal sollten wir zusammen in einer kleinen Provinzstadt einen Vortrag halten. Wir fuhren in Pablos Auto dorthin, einem Peugeot mit Sitzbezügen. Unterwegs aßen wir an einem Imbiss Sandwich mit Kalbsschnitzel und tranken dazu eine Flasche Wein. In der Dunkelheit waren die anderen Autos jedes Mal zuerst zwei rote Punkte in der Ferne, dann rasend schnell größer werdende Schemen und anschließend zwei weiße Punkte im Rückspiegel, die bald so klein wurden, dass sie nicht mehr zu erkennen waren.

Im Inneren des Peugeot war es dunkel, die Heizung voll aufgedreht. Ich betupfte meinen Ausschnitt mit einem Taschentuch und nutzte die Gelegenheit, aus dem Augenwinkel zu Pablos *potz* hinüberzuschielen. Dabei stellte ich mir vor, wie viele kleine Pablos wohl darauf warteten, die Reise durch dieses Prachtexemplar anzutreten. Trotz des Altersunterschieds machte ich mir Hoffnungen. *Oj wej!* Selbst wenn ich mich in diesem Augenblick nackt ausgezogen hätte, wäre Pablo weitergefahren, als wäre nichts. Er fuhr genau, wie er sprach: Ohne mich wahrzunehmen oder sich herabzulassen, irgendwelche Erklärungen über die eingeschlagene Route abzugeben.

Später hatte Pablo die Besuche im Archiv eingestellt. Er machte eine Wäscherei auf, um sie nach zwei Jahren wieder zu schließen. Von da an arbeitete er bei den Justizbehörden der Provinz.

Warum dachte ich jetzt an all das? Ich versuchte, mich auf den Jackie-Chan-Film zu konzentrieren, aber immer wieder legten sich die Bilder aus meiner Erinnerung über die in dem Busfernseher. Mittlerweile war ich mir sicher, dass Débora irgendwo untergetaucht war. Warum sie ihre Eltern nicht anrief, verstand ich nicht. Was mich anging, hätte ich die Sache am liebsten aufgegeben, es führte ja doch zu nichts. Ich tröstete mich mit dem Gedanken, dass ich in ein paar Stunden bei Pablo Filkenstein sitzen und Tee trinken würde, fern von meinen neugierigen Nachbarn ins Gespräch über Richter Fontana vertieft. Ich war mir sicher, dass Pablo ihn kannte. Bei früheren Besuchen hatte er seinen Namen erwähnt, und solche Dinge vergesse ich nicht.

Ich zweifelte immer stärker daran, dass ich diesen Fall allein würde lösen können. Doch wie immer war ich auch diesmal ganz auf mich selbst angewiesen: Ich musste mich auf meine Intuition verlassen, tun, was meine *kishkes* mir rieten.

Ich stand auf. Um auf den Gang zu gelangen, musste ich an dem Mann vorbei. Dabei streifte ich seine Beine. Ich ging auf die Toilette. Als ich zurückkehrte, musste ich wieder an ihm vorbei. „Entschuldigung", sagte ich. Der Mann rückte sich die Mütze zurecht. Weiter hinten unterhielten sich zwei Bauern über den Erwerb eines Grundstücks. „Und, hast du dir schon was Hübsches ausgeguckt?", sagte der eine. „So ist es", bestätigte sein Nachbar. Ihre Stimmen klangen belegt. Ich machte es mir so gut es ging auf dem Sitz bequem und schloss die Augen. Dann machte ich sie wieder auf.

Ich sah hinaus. Draußen wurde es immer dunkler. Ein helles Scheinwerferpaar blendete mich, ein Fernbus. Die Fahrgäste schliefen. Ich streckte die Beine aus, schaltete das Leselämpchen ein und suchte in meinem Notizkalender nach der Adresse von Pablo Filkenstein. Er war umgezogen, jetzt wohnte er in der Calle Mitre, mit Blick auf den Fluss. Ich schob mir das nächste Bonbon in den Mund. Eine Stunde später erreichten wir Rosario. Am Bahnhof stieg ich aus und vertrat mir die Beine. Erleuchtete Kioske. Hot-Dog-Stände. Typische Backwaren aus der Region. Ich kaufte eine Zeitung und setzte mich auf eine Bank. Rosario war neben San Fernando und El Tigre einer der wichtigsten Stützpunkte der Zwi Migdal gewesen. Die meisten Bordelle befanden sich damals im Pichincha-Viertel. Zu den bekanntesten gehörte das von *Madame Sapho*. Dessen Besitzerin war berühmt dafür, alle möglichen Spezialwünsche zu erfüllen – in Rosario geradezu sprichwörtlich war ihre Frage: „'eute vielleischt mit unsere 'ündschen?" Auch wenn Männern der Aufenthalt in den Bordellen nur zu bestimmten Uhrzeiten erlaubt war, wurden diese außer von den dort tätigen Frauen oft noch von einer Menge anderer Menschen bewohnt: Vielfach lebten hier die Besitzer mit ihren Familien oder auch die Kellner benachbarter Bars. Ich erinnerte mich an eine Auseinandersetzung mit tragischem Ausgang in Madame

Saphos Etablissement, von der ich gelesen hatte. Dabei hatte die Prostituierte Catalina Binocchio mit einer Flasche nach ihrem Geliebten und Zuhälter Abraham Jacobovich geworfen, woraufhin dieser sie mit einem Bügeleisen erschlug.

Ich stieg ein, und der Bus fuhr weiter. Aus der Finsternis kamen uns immer wieder riesige Lastwagen entgegen. Wir durchquerten ein Dorf. Jenseits der Hauptstraße lag alles in völliger Dunkelheit. Der Mann neben mir nahm die Mütze ab und fuhr sich mit den Fingern durchs Haar. Bei der Bewegung musste ich an Hugo denken. Die Hoffnung, mein Sitznachbar könne sich für mich interessieren, hatte ich längst aufgegeben. Er gähnte in einem fort.

Als ich aufwachte, war draußen der Paraná zu sehen. Wild schäumend toste er in seinem Bett. Ein ganz mit Wasserhyazinthen überwucherter Baumstamm wurde emporgeschleudert. Mein Nachbar stand auf und fragte, ob ich auch einen Kaffee wolle. Ich sagte ja. Kurz darauf kehrte er mit zwei Pappbechern zurück, setzte sich wieder neben mich und versuchte, ein Gespräch anzufangen. „Ganz schön hoch das Wasser, was?" Er deutete auf ein Haus, von dem nicht mehr als das Dach aus dem Wasser ragte. Darauf zusammengerollt lagen mehrere Matratzen.

Er hieß Hugo.

Wie mein früherer Mann.

17

Bei uns im Viertel nannten mich alle „die kleine Russin". Einmal schickten meine Eltern mich in ein Selbstverteidigungszeltlager, ich sollte andere Kinder aus unserer Gemeinschaft kennenlernen. Bei einem der Vorbereitungstreffen erschien Silvia. Sie saß inmitten einer Gruppe von Jungs, die ich vom Sehen kannte. Erst nach einer Weile merkte ich, dass der Junge neben ihr Hugo war, der Sohn des Besitzers des Mietshauses, in dem wir wohnten. Groß, hellhäutig, schwarze Augen. Eine Haarsträhne hing ihm in die Stirn. Silvia rückte zur Seite, sodass ich mich zwischen sie und Hugo setzen konnte. Dann gab es Erklärungen zu dem bevorstehenden Zeltlager.

„Und, fährst du mit?", fragte Silvia, als wir uns verabschiedeten.

Bei einem anderen Treffen erfuhr ich von der Entführung Adolf Eichmanns. Er war unter dem falschen Namen Ricardo Klement nach Argentinien geflohen. Als bekannt wurde, wo er wohnte – in einem alten heruntergekommenen Haus am

Rand von San Fernando –, fing man an, ihn zu beschatten. Tag und Nacht. Einmal kehrte Eichmann mit einem Blumenstrauß und einer Torte nach Hause zurück: Seine Frau hatte Geburtstag. Das Datum war in den Unterlagen im Archiv verzeichnet.

Eines Tages besuchte Silvia mich. Wir setzten uns auf den Bordstein vor dem Haus. Sie sagte immer wieder, ich müsse unbedingt ins Zeltlager mitkommen.

Papa gab mir zum Abschied einen Kuss. Wir bestiegen den Bus. Das Zeltlager fand auf dem Land statt, zehn Kilometer von der Stadt entfernt. Kaum war der Bus in einen Feldweg abgebogen, hörten wir Kühe muhen. Sehen konnten wir sie nicht, dafür war es zu neblig, aber soweit ich mich erinnere, lief eine von ihnen plötzlich quer vor uns über den Weg. Weiter ging es zwischen Bäumen, bis wir schließlich zu einer Lichtung in einem Wäldchen aus Duftakazien gelangten. Das Licht der Scheinwerfer fiel auf mehrere riesige Ameisenhügel. Im Hintergrund standen die Zelte bereit. Wir stiegen aus, und ich deponierte meinen Schlafsack samt Pyjama, Notizheft, Wasserflasche und Kompass in einem davon.

Bei der Verteilung der Nachtwachen wurden Silvia und ich zusammengelost.

In der Dunkelheit hörte ich alle möglichen seltsamen Geräusche, dazu bellende Hunde und quakende Frösche. Etwas bewegte sich in meinem Schlafsack, vielleicht eine Wanze, sagte ich mir. Kurz danach tippte jemand an meine Füße.

„Wir sind dran", sagte Silvia.

Über Wurzeln stolpernd gelangten wir zu der Stelle am Rand des Lagers, wo die Wache postiert war. Wir wickelten uns in eine Decke. Silvia hielt mir eine Feldflasche hin, und ich trank einen Schluck. In der Flasche war Gin. Vorläufig würden die Nazis nicht angreifen. Wir brauchten bloß auf das Eintreffen der Ablösung zu warten. Seit jeher hatte ich mir gewünscht, einmal eine Sternschnuppe zu sehen. Auf einmal blitzte es weiß über uns auf. Hugo stand mit einer Taschenlampe vor uns.

Die beiden überließen mir die Taschenlampe und verschwanden in der Dunkelheit. Ich wickelte mich fester in die Decke und schloss die Augen. Plötzlich hörte ich einen Automotor. Zuerst hielt ich es für Einbildung, aber das Geräusch kam immer näher. Ich tastete nach meinen Turnschuhen und schlüpfte hastig hinein. Als ich aufsah, stand vor dem Baum nicht weit von mir ein Auto. Das Abblendlicht war eingeschaltet. Daneben ragte vor dem dunklen Hintergrund eine große Gestalt reglos in die Höhe.

„Ruti."

In ihrem Mundwinkel hing eine Zigarette. Die Finsternis verwischte jeden Unterschied, machte alles gleich. Wir waren voneinander entfernt und uns dabei doch so nah, wie ein Vater und seine Tochter sich sein können. Langsam streckte er den Arm aus. In der Hand hielt er eine Tüte *knishes*.

„Hast du schon zu essen bekommen, Ruti?"

18

Als Hugo anrief, lag ich im Bett. Seit der Begegnung im Bus hatten wir uns nicht mehr gesprochen, und jetzt lud er mich zum Frühstück ein. Ich sagte, ich sei mit einem Freund verabredet. Wir machten für den Mittag etwas aus. Mein Hotelzimmer befand sich im vierten Stock, am Ende des Gangs. Es verfügte über einen riesigen Kleiderschrank und eine mindestens so riesige Kommode und hatte eine viel zu hohe Decke. Wegen der hohen Decke, und weil die Bettwäsche nach Desinfektionsmittel roch, hatte ich schlecht geschlafen. Den tropfenden Wasserhahn im Bad hatte ich mit einem Handtuch umwickelt.

Ich überquerte den Platz. In der Mitte stand der gewaltige Gummibaum, auf dem ich als Kind herumgeklettert war. Hunde in allen Größen. Karren mit gebrannten Erdnüssen. Die Kunsthandwerkstände waren um diese Uhrzeit noch geschlossen. Der Boden war mit Hornkäfern übersät, die während der Nacht vom Licht der Laternen angezogen worden waren. Löwenzahnsamen schwebten in der Luft. Die Stadt liegt an einem Abhang und blickt über den Fluss. Ich betrat die Fußgängerzone. Die gepflasterte Straße führte langsam abwärts.

Als ich vor Pablos Haus stand, klingelte ich.

„Hereinspaziert."

Ein Mann mit gewellten Haaren öffnete die Tür. Er hatte Falten um die Augen und machte einen ziemlich verlebten Eindruck. Er schloss mich übertrieben fest in die Arme und lehnte sich dann zurück, aber ohne mich loszulassen.

„Pablo hat mir von dir erzählt."

Er trat zur Seite, um mich durchzulassen.

Es war ein kleines Haus. Nur ein Wohnzimmer, ein Schlafzimmer und ein Hof, in dem gerade einmal ein Aufstellpool Platz fand. Pablo saß im Wohnzimmer in einem weinroten Bademantel.

„Ruti, meine Liebe", sagte er, „gut siehst du aus."

Aufgeregt wie ich war bei der Aussicht, Pablo wiederzusehen, hatte ich Wimperntusche und einen glänzenden Lippenstift aufgelegt, aber jetzt, wo ich vor ihm stand und mich seinem Blick aussetzte, fragte ich mich, ob ich es mit dem Schminken nicht übertrieben hatte. Ich übergab ihm eine Tüte Schmalzgebäck. Angezogen von dem frischen Hefeduft und dem Anblick der Brote in den Weidenkörben hatte ich es in der Bäckerei an der Ecke gekauft. Pablo bot mir einen Stuhl an. Ich setzte mich. Vor dem Fenster zum Hof stand ein Topf mit einem Farn. An der Wand ein Regal mit Ziegelsteinen als Buchstützen. Prozessordnungen. Das Strafgesetzbuch. Beccaría, *Über*

Verbrechen und Strafen. Scholem Alejchem. *Jevel Katz, der jüdische Gardel.* Trotz allem war ich froh, dass ich angerufen hatte, als der gute alte Pablo jetzt anfing, sich nach meinem Leben in Buenos Aires zu erkundigen. Er wollte alles wissen. Ob ich mit jemandem zusammen war. Ob ich das Archiv vermisste.

„Ich komm ganz gut durch", sagte ich.

Dann fragte Pablo, ob ich gern Flussfisch aß. Die Frage hätte er sich sparen können – alles war erfüllt vom Gestank nach Piapara mit Knoblauch und Petersilie, der aus der Küche drang. Einmal in der Woche komme ein Wagen mit Piaparas, Lachssalmlern und Surubís bei ihnen vorbei, erklärte Pablo. Um festzustellen, ob sie frisch seien, brauche man bloß auf die Augen der Fische zu drücken und die Kiemen auseinanderzuziehen.

Ich bin allergisch gegen Fisch. Gefilte Fisch rühre ich nicht einmal zu Pessach an.

Da erschien der Mann mit den gewellten Haaren. Er brachte ein Tablett mit zwei Teetassen und dem Schmalzgebäck. Die Tassen stellte er auf Leinensets. Ich hatte ihn vom ersten Augenblick an nicht gemocht, warum hätte ich nicht sagen können.

„David wollte gerade aufbrechen", sagte Pablo.

Er rückte sein Set zurecht.

David küsste mich auf die Wange, nahm den Schlüsselbund und verschwand im Flur.

„Mach nicht so ein Gesicht, Ruti", sagte Pablo.

Ich konnte meine Verwirrung nicht verbergen. Ich war gekommen, um über Fontana zu sprechen, und fand zwei Männer vor, die zusammenlebten und im selben Bett schliefen. Meine Hände zitterten. Immer wieder stieß ich beim Umrühren mit dem Teelöffel an den Tassenrand. In die Provinz zurückzukehren war, als stiege ich in einen tiefen Keller hinab. Während ich mich für modern und aufgeschlossen hielt, musste ich feststellen, dass mein Weltbild ins Wanken geriet, nur weil Pablo seinen Freund vor meinen Augen gebeten hatte, doch bitte für ihn zur Bank zu gehen und etwas zu erledigen. Und trotzdem: Auch nach all den Jahren war das immer noch der gute alte Pablo, der da vor mir saß. Der weinrote Bademantel reichte bis über die Knie, auf denen er die Hände aufstützte. Dazu der vertraute Klang seiner Stimme.

„Du bist gekommen, weil du mir etwas erzählen willst", sagte er.

Es kostete mich Überwindung, zu verraten, dass es um Fontana ging. Also sagte ich zuerst, vor ein paar Tagen sei eine Frau mit alten Familienpapieren bei mir erschienen. Sie habe erklärt, ihre Schwester habe ihr geraten, sich an mich zu wenden, damit ich etwas über ihren Großvater schreibe, einen jiddischen Theaterautor. Ich hätte ihr jedoch klar gemacht, dass ich zu viel zu tun hätte und mir keine Zeit zum Schreiben bleibe. Und dabei sei ich auch bis zum Schluss geblieben.

„Willst du sie nicht doch nochmal anrufen?", sagte Pablo. „Es muss schwer sein, so eine Geschichte in den Händen zu haben und zu wissen, dass sie verloren geht, wenn man stirbt."

Ich sah zum Fenster hinaus.

„Ich bin auf der Suche nach einer jungen Frau."

Pablo ließ sich nichts anmerken – als hätte ich nichts gesagt und wäre ihm weiterhin eine Antwort auf seine letzte Äußerung schuldig. Aus dem Hof waren Vogelstimmen zu vernehmen. Offenbar zwei Spatzen, die um einen Wurm stritten.

„Auf der Suche nach einer jungen Frau", sagte er schließlich.

„Ja."

„Du bist ja auch Detektivin."

„Ja."

„Das ist kein Beruf für Frauen."

Ich ging nicht auf die Bemerkung ein. Genau wie früher würde er mich auch diesmal nicht gewinnen lassen. Ich hatte einen Mann vor mir, der neidisch auf mich war. Um nicht zu sagen beleidigt. Er hatte es mir nie verziehen, dass ich nach Buenos Aires gegangen war. „Dort ist alles viel leichter", hatte er einmal in einem Brief geschrieben. „Da hast du alles in nächster Nähe: Ärzte, Theater, Kinos." Als ob es einfach wäre, in einer großen Stadt zu leben! Beim Aussteigen aus dem 37er wurde einmal mein Kopf von der Falttür eingeklemmt. Ich dachte schon, das war's dann also. Als der Fahrer die Tür endlich aufbekommen hatte, betastete ich meinen Schädel: In dem einen Ohr klaffte ein langer Riss. Ich sah Pablo an und schwieg. Ich hatte nicht vor, noch irgendetwas zu sagen.

„Was für eine Frau ist es denn?", fragte Pablo schließlich.

„Eine *ljalke*."

„Hast du eine Ahnung, wo sie stecken könnte?"

„Sie ist irgendwo untergetaucht."

„Und wo?"

„Weiß ich nicht. Ich nehme an, sie hat was gesehen, was sie lieber nicht hätte sehen sollen."

An eine Entführung glaubte ich nicht. Niemand hatte sich bislang mit irgendwelchen Forderungen an Chiquito Gold gewandt. Meiner Ansicht nach ging es um etwas anderes. Auf einmal sprudelte es nur so aus mir hinaus: Ich hatte den Verdacht, erklärte ich Pablo, dass ich es mit einer Organisation zu tun hatte, die auf Frauenhandel spezialisiert war. Entscheidend wäre es, herauszufinden, was in der Nacht passiert war, in der Débora verschwand. Das sagten mir meine *kishkes*. Vielleicht hatte Willie die Übergabe organisiert. Oder dieser Osvaldo Caro.

Pablo sah mich mit aufgerissenen Augen an. Durch die Gleitsichtbrille wirkten seine Pupillen noch größer.

„Ich würde sagen, du steckst ganz schön in der Scheiße."

Ich sah ihn an.

„Besser, du ruhst dich erst mal aus."

„Genau das habe ich vor."

„Ich sage nicht bloß hinlegen und schlafen", erwiderte Pablo. „Richtig Ferien machen, das meine ich."

Ich lachte.

„Für Urlaub hab ich kein Geld."

„Ich spreche nicht von Urlaub", sagte Pablo. „Du solltest eine Weile irgendwo hingehen, wo dich keiner kennt."

„Warum?"

„Zwei Tote gibt es bereits. Ich hoffe, ich muss nicht demnächst in die Gerichtsmedizin und deine Leiche identifizieren."

Eine Zeitlang sagten wir nichts. Dann brachte ich die Rede auf Fontana.

„Rubén Fontana?"

„Ja", sagte ich, „der Richter. Du hast mir mal von ihm erzählt, auf einer Reise."

„Stimmt."

Pablo dachte nach. Dann stand er auf und ging ins Schlafzimmer. Kurz darauf erschien er in Jeans, gestreiftem T-Shirt und Turnschuhen.

„Kommst du mit?", fragte er.

„Wohin?"

„Könnte interessant für dich sein."

Pablo öffnete die beiden Flügel des Garagentors, sicherte sie mit zwei Wandhaken und setzte mit dem Peugeot rückwärts aus der Garage. Die Sitze hatten immer noch dieselben Bezüge wie bei unseren Touren durch die Provinz.

Wir fuhren los. Ich sah mir die Fassaden der Häuser an.

„Halt mal."

Gerade waren wir an einer Bäckerei vorbeigekommen, und da war mir das Schmalzgebäck wieder eingefallen. Den Rest hatten wir in der Küche gelassen. Ich stieg aus und kaufte ein paar Schwarze Törtchen mit dicker Zuckerkruste. Bald fuhren wir am teilweise steil abfallenden Flussufer entlang. Das ruhig dahinfließende Wasser und die blühenden Lapacho-Bäume forderten einen geradezu auf, seine intimsten Geheimnisse preiszugeben.

„Hast du was von Hugo gehört?", fragte Pablo irgendwann.

Erschrocken sah ich ihn an.

„Schon seit Jahren nicht."

Ich wollte nicht über meinen Ex-Mann sprechen. Gereizt fragte ich erneut, wohin wir unterwegs waren.

„Wir fahren zu jemandem, der Fontana gut kennt", sagte Pablo.

Wir überquerten den Fünf-Ecken-Platz. Dann ging es auf der Landstraße weiter. Grüne Hügel, Wochenendhäuser, Orangensaftfabriken. Die Äste der Bäume zu beiden Seiten filterten das Sonnenlicht. Ich sah zu, wie sie im Rückspiegel hinter uns verschwanden. Irgendwann versuchte ich, das Fenster hinunterzulassen, aber die Kurbel drehte durch. Wir hielten vor einem Haus mit großem Garten.

Die Klingel funktionierte nicht. Pablo klopfte. Ein Mann öffnete die Tür.

19

Der Türanstrich war verblichen. Wir gingen hinein. Auch hier roch es nach Fisch, aber nicht ganz so penetrant. Alles in diesem Haus war braun. Die Wände. Der Teppich. Die Möbel. Die Bronzebeschläge. Die Lehnstühle, die Bilder, die Buchrücken in den Regalen. Und alles war voller Staub, das konnte man spüren.

„Lang nicht mehr gesehen", sagte der Mann.

Er umarmte Pablo.

„Ah, das Auto, schön."

Durchs Fenster betrachtete er den Peugeot.

„Unverwüstlich", sagte Pablo.

Der Mann zog die Augenbrauen hoch und schien erst jetzt zu bemerken, dass ich auch da war. Er war groß und mager und hatte ein gelbes Gesicht. Er trug Cordhosen und eine an den Ellbogen abgewetzte Wildlederjacke.

„Elías Gómez."

Er hielt mir die Hand hin. Der Parkinson machte sich bereits deutlich bemerkbar.

„Und, was führt Sie her?" Die Falten an den Mundwinkeln verliehen ihm einen seltsamen Ausdruck. Er kaute förmlich jedes Wort.

„Ruth", sagte Pablo, „würde gerne ein bisschen was über Fontana wissen."

Der Mann sah ihn an.

„Setzen Sie sich doch!"

In einer Ecke standen drei Sessel. Ich ließ mich mit einem dankbaren Lächeln auf einem davon nieder. Der Kopf des Mannes ragte über die Lehne hinaus.

„Erzählen Sie ihr was", sagte Pablo und fügte hinzu: „Wir sind hier unter Freunden."

Elías Gómez zögerte. Dann fing er mit müder Stimme an zu sprechen.

„Bis sechsundneunzig war ich Fontanas Assistent", sagte er. „Er war damals in einem Fall von Drogenhandel zuständig. Wichtige Leute steckten mit drin. Die Anwälte kamen, um die Akten einzusehen. Fontana sagte nein und verlangte fünfzigtausend Dollar. ,Wenn Sie da reinschauen wollen, will ich hier erstmal das Geld auf dem Tisch haben', hat er zu ihnen gesagt."

Gómez zog die Brauen hoch. Mir fiel auf, dass er offensichtlich Wert darauf legte, klarzustellen, dass Fontana von sich aus, auf eigene Rechnung, gehandelt hatte. Eine Weile sprach keiner von uns ein Wort.

„Fünfzigtausend also", sagte ich schließlich.

Gómez stand auf, ging in die Küche und kehrte mit einem Glas Wasser und einer Tablette zurück. Er steckte sie sich in den Mund und trank einen Schluck. Dann setzte er sich wieder.

„Das war nicht das erste Mal", sagte er, „aber zum ersten Mal so viel. Ich war dabei. Ihm war das egal. Ich erzählte einem anderen Richter davon, einem Bekannten hier aus der Provinz. Er sagte, beim nächsten Mal solle ich das Ganze heimlich aufzeichnen, mit einem Tonband. Mich überzeugte das nicht, als Beweismittel sind solche Aufnahmen nicht zulässig. Trotzdem stellte ich beim nächsten Mal ein Tonband bereit. Es hat mich fast umgehauen: Er verlangte hunderttausend. Später sogar zweihunderttausend."

Bei dem Licht der Neonröhre hatte ich das Gefühl, in einem Aquarium zu sitzen. Gómez sah mich an. Ich überlegte, welchen Sinn es haben könnte, sich eine Geschichte auszudenken, wenn man schwer krank ist und weiß, dass das Ende bevorsteht. Aber wenn man unter solchen Umständen einer Unbekannten sein größtes Geheimnis anvertrauen kann, sagte ich mir, ist das dann andererseits nicht eine gute Gelegenheit, um die Tatsachen zu verdrehen und sich selbst die Opferrolle zuzuweisen?

„Für mich war das das Ende", sagte Gómez.

Pablo stand auf und legte ihm den Arm um die Schulter.

„Jetzt haben wir Sie lang genug gestört", sagte er, „wir gehen."

„Die Richtermafia fiel über mich her", sagte Gómez. „Ich hatte mich mit einem von ihnen angelegt."

Er sprach mit gesenktem Kopf weiter, als redete er mit sich selbst. In dem gelblichen Licht hätte man denken können, seine Haut sei aus demselben Material wie seine Schuhe. Ich sah zum Fenster hinaus. Auf der anderen Straßenseite stand ein Bagger. Zwei Jungen versuchten, einen Aufkleber von Pablos Peugeot abzuziehen. Ich ging hinter Gómez her. Als hätte man mich plötzlich zu seinem Leibwächter bestimmt – wenn ich nicht aufpasste, kippte er um und fiel auf den Rücken oder auf die Seite. Als wir uns verabschiedeten, fragte Gómez, ob ich vorhätte einen Spaziergang durch das Inselgebiet zu machen. Außerdem sagte er warnend:

„Seien Sie vorsichtig, mit dem Mann ist nicht zu spaßen."

Wir beschlossen, tatsächlich noch einen Spaziergang zu unternehmen, bevor wir in die Stadt zurückfuhren. Als wir, noch keine hundert Meter entfernt, bei einem anderen Haus abbogen, sah ich mich um: Elías Gómez kam hinter uns her. Aus irgendeinem Grund überraschte mich das so, dass ich Pablo nichts sagte und einfach weiterging. Ich war gespannt, ob der Mann mit dem Prophetennamen auch an derselben Stelle abbiegen würde wie wir. Als er es tat, war ich mir sicher, dass er uns verfolgte, auch wenn ich keine Ahnung hatte, warum. Seine Warnung hatte eine diffuse Angst in mir hervorgerufen. Bei der nächsten Wegkreuzung bogen wir erneut ab, Elías Gómez dagegen ging geradeaus weiter, wie ich erleichtert feststellte.

Um zwei Uhr war ich wieder im Hotel. Ich fragte, ob jemand für mich angerufen habe.

20

Als ich zurückkam, legte ich die Handtasche ab und zog meinen Hausmantel über. Auf dem Anrufbeantworter war eine Nachricht von Lea. Sie hatte von der Stellenvermittlung der Gemeinde aus angerufen. Ich ging in die Küche, setzte mich an den Tisch und stützte die Arme auf. Gladys hatte die Zeitungen aufgeräumt. Ein ganzer Stapel davon ruhte, mit einem Bindfaden verschnürt, in einer Ecke, bereit zum Abtransport durch die Müllabfuhr. Die Wasserwerke drohten in einem Schreiben damit, mich auf dem Trockenen sitzen zu lassen. Es tat gut, wieder zu Hause zu sein und die Post durchzusehen, trotz der Mahnung der Wasserwerke. Der morgendliche Geruch nach Kaffee drang aus dem Hausflur herein. Ich warf einen Blick vor die Tür. Alles war ruhig, bis auf eine Frau, die mit einem Plastikbesen vor ihrem Eingang fegte.

Wieder in der Küche merkte ich, dass unter dem Zeitungsstapel die Ecke eines Umschlags hervorsah. Ich zog ihn hervor und legte ihn auf den Tisch. Ich beschloss, ihn später zu lesen.

Ich setzte Wasser auf. Goss es, als es kochte, in die Teekanne. Setzte erneut Wasser auf. Leerte die Kanne. Gab Teeblätter hinein, wartete, bis wieder das Wasser kochte, und goss auf. Kurz danach schenkte ich mir eine Tasse ein. Ich schnürte den Zeitungsstapel auf, nahm eine davon, schlug die Seite mit den Kontaktanzeigen auf und fing an zu lesen. Später rief ich Lea zurück. Es war besetzt. Die Stellenvermittlung half allen Arbeitsuchenden, auch Nicht-*Jiddn*. Arme Juden gab es jedenfalls in den letzten Jahren immer mehr, und immer häufiger tauchten auf den dazugehörigen Karteikarten neben den spanischen auch russische und polnische Nachnamen auf. *Es iz gutt*, sagten die freiwilligen Mitarbeiterinnen, wenn ich einmal im Jahr dort meine abgelegte Kleidung ablieferte. Ich versuchte es erneut. Diesmal nahm die Sekretärin der Stellenvermittlung ab und sagte, Lea sei schon gegangen. Sie fragte, ob sie etwas ausrichten solle, und ich sagte, ich würde später noch einmal anrufen. Obwohl ich müde von der Reise war, konnte ich nicht ruhig sitzen bleiben. Ich hatte *shpilkes* im *toches*. Ich machte den Kühlschrank auf. Ein abgelaufener Joghurt. Eier. Und wenn ich mir einen Biskuit machte? Im Nu hatte ich alles auf der Arbeitsplatte bereit. Ich schlug die Mischung aus Eigelb und Zucker schaumig. Dann rührte ich schwungvoll das Mehl darunter, fügte geriebene Zitronenschale dazu und zuletzt den Eischnee. Ich probierte. Das Leckerste würde wie immer am Rand kleben bleiben. Um das zu verhindern, butterte ich die Form kräftig ein. Dann machte ich den Herd an.

Ich goss mir noch eine Tasse Tee ein und las weiter Zeitung. Ein Artikel weckte meine Aufmerksamkeit. In den Urlaubsorten am Meer arbeiteten über zweitausend junge Frauen, und fast keine von ihnen tat es auf eigene Rechnung. Die, die ihr Geld auf der Straße verdienten, reichten einen Teil an die Bullen weiter. Die Bardamen wiederum mussten den Besitzern der Etablissements etwas abgeben. Und damit alles schön rund lief, hielt immer auch jemand aus dem Justizapparat die Hand mit auf. Der Prophet Elías hatte von der „Richtermafia" gesprochen, und seine Warnung hatte mich so verstört, dass es mir am liebsten gewesen wäre, er hätte sie gar nicht ausgesprochen. Ich war jedenfalls dabei, mich auf ziemlich vermintes Terrain zu begeben. Ich dachte an Richter Fontana. Ungestört von den Blicken der anderen saß er seelenruhig in seiner Höhle. Womöglich war er das geheime Hirn des Ganzen, hatte Beziehungen und Kontakte in alle Richtungen. Was genau verbarg sich hinter der Fassade? Ich konnte es mir ungefähr ausmalen und ahnte, dass die ganze Wahrheit äußerst schmerzhaft sein würde – am besten hielt ich sie mir so gut es ging vom Leib. Ich nahm den Briefumschlag und machte ihn auf.

Señora Ruth,
Willies Mama wohnt in der Calle Vera 3100,
4. Stock, Wohnung F. Mehr dazu später.
Viele Grüße,
Gladys

Der Tee war kalt. Ich fuhr mit dem Finger einmal über die gesamte Länge der Tischfläche und betrachtete die Spur, die im

Staub entstanden war. Anschließend bewegte ich den Finger in umgekehrter Richtung. Ich sah auf die Uhr an der Wand. Ich nahm die Tasse und ging damit zur Spüle. Ich kippte sie aus, ließ Wasser darüber laufen, trocknete sie ab und stellte sie wieder in den Küchenschrank. Dann öffnete ich die Herdklappe und sah nach dem Biskuit. Danach verstaute ich die Putzsachen zwischen Kühlschrank und Spüle, ging ins Bad, warf einen weiteren Slip auf den Wäschehaufen und stellte mich vor den Spiegel. Ich sah müde aus. Ich zog mich ganz aus und stieg in die Dusche.

Als ich in die Küche zurückkehrte, las ich Gladys Nachricht noch einmal. Ich faltete sie und steckte sie in die Handtasche. Die Küche duftete bereits nach Biskuit, und jetzt breitete sich der Geruch auch im Rest der Wohnung aus.

21

Das Haus in der Calle Vera hatte eine Klinkerfassade. Die Wände der Eingangshalle waren verspiegelt, der Boden mit glänzenden Keramikfliesen ausgelegt. Die Renovierung war offenbar gar nicht lange her, in vielen Ritzen sah man noch Krümel und Staub vom Fugenkitt. Auf einer Seite standen ein Tisch mit Marmorplatte und schmiedeeisernen Beinen und ein Sessel mit einem gestreiften Kissen. Es läuft immer nach demselben Muster ab, wenn eins dieser großen Immobilienunternehmen ein Gebäude in die Finger bekommt: Ein bisschen frische Farbe für die Eingangshalle, dazu Spiegel und ein paar Töpfe Pampagras, und alles sieht wie neu aus.

Ich klingelte mehrmals, aber niemand reagierte. Als die Portiersfrau erschien, nutzte ich die Gelegenheit und schlüpfte zusammen mit ihr hinein. Zusammen traten wir auch in den Aufzug. Mit leicht zugekniffenen Augen sah die Frau mich misstrauisch an. Sie trug ein violettes Kittelkleid, das mit einer Schleife zugebunden war. Sie fragte, wohin ich wolle. Ich sagte, in den vierten Stock, Wohnung F. Da senkte sie sofort den Blick, zog die Schleife fest und nickte ernst. Der Tod ist ansteckend. Auch in diesem Haus hatte die Nachricht davon schnell die Runde gemacht.

Die Klingel an der Wohnungstür läutete nur ganz leise. Ich sah den Flur hinunter. Alle Türen waren zu. Von irgendwoher drang ein dumpfes Geräusch, vielleicht ein Radio oder eine Waschmaschine beim Schleudern. Ich klingelte noch einmal. Dann näherte ich das Gesicht dem Türspion. Auf einmal stand die Portiersfrau neben mir.

„Aufmachen wird die wohl kaum."

Sie präsentierte einen Schlüsselbund.

In der Wohnung war offenbar schon seit Tagen nicht mehr gelüftet worden. Es gab nur einen Raum. Alles war dunkel.

„Wer sind Sie?", fragte eine Stimme.

Ich sprach in die Dunkelheit vor mir.

„Sind Sie Willies Mutter?"

Die Antwort klang noch düsterer:

„Wer sind Sie?"

„Eine Freundin."

Die Frau stöhnte.

„Was wollen Sie?"

„Über Willie sprechen."

„Willie ist nicht da."

Ich stützte mich seitlich an der Wand ab und versuchte, mich in dem Raum zu orientieren. Inzwischen hatten meine Augen sich an die Dunkelheit gewöhnt, und ich konnte die Umrisse der Möbel erkennen, einen Tisch, Stuhllehnen, eine auf dem

Boden liegende Jeans, die hochhackigen Sandalen. Im Hintergrund konnte ich die Form eines Bettes ausmachen. Von dort drang auch die Stimme zu mir.

„Ich bin krank."

„Ich weiß, das ist nicht der richtige Augenblick", sagte ich, „aber ich brauche ein paar Informationen."

Schweigen, auf dem Bett rührte sich nichts. Dann ein Seufzen.

„Ich weiß nichts."

Auf der Suche nach dem Lichtschalter tastete ich die Wand ab. Draußen hörte man ein Auto bremsen.

„Kennen Sie Herrn Fontana?", sagte ich aufs Geratewohl.

„Lassen Sie mich in Ruhe", erwiderte die Stimme, „verschwinden Sie."

„Ich heiße Ruth Epelbaum. Ich suche nach einer jungen Frau, die mit Ihrem Sohn zusammen war. Sie ist verschwunden, und Herr Fontana könnte etwas damit zu tun haben."

Ich hörte ein halb ersticktes Lachen.

„Ich suche nach einer jungen Frau", äffte sie mich nach. „Ich bin selbst auf der Suche! Und mein Willie war auch ein großer Sucher. Als er klein war" – auf einmal klang die Stimme lebhafter –, „sollte ich ihm einmal ein Hamsterpärchen kaufen. Davon träumte er, seit er im Kindergarten war. Er machte mich fast verrückt deswegen. Deshalb gab ich auch irgendwann nach, obwohl ich nichts von der Idee hielt. Später bekamen die Hamster Nachwuchs, aber noch mehr Tiere wollte ich nicht in der Wohnung haben. Also habe ich sie verschenkt, als er in der Schule war. Er hat das ganze Viertel nach ihnen abgesucht. Die Geschichte hat er mir nie verziehen."

„Sie können mir helfen", sagte ich. „Willie hätte bestimmt nichts dagegen."

Statt des bleichen Flecks war im Bett auf einmal eine wirre Mähne zu sehen.

„Hauen Sie ab!"

Die Frau drehte sich erneut um, sodass sie mir wieder ihr bleiches Gesicht zukehrte. Ich glaubte, das Glitzern in ihren Augen zu erkennen.

„Ich möchte mit Ihnen über Fontana sprechen", sagte ich. „Er hat Willie da mit reingezogen."

Die Frau richtete sich auf. Dann hörte ich, dass ihre Füße den Boden berührten.

„Hauen Sie ab!", sagte sie noch einmal, „oder ich fang an zu schreien."

„Gut", sagte ich, „ich lasse Ihnen meine Telefonnummer da."

Ich riss ein Blatt aus meinem Terminkalender und schrieb die Nummer darauf.

„Rufen Sie mich an, bitte", sagte ich.

Die Frau sagte nichts mehr. Aber ich spürte ihren Blick, der die Dunkelheit durchbohrte. Ich ging hinaus und zog die Tür hinter mir zu.

Als ich unten aus dem Aufzug trat, hielt die Portiersfrau, in ihre lila Wolke gehüllt, in der Eingangshalle Wache. Ich fragte, ob sie die Telefonnummer von Willies Mutter habe. Wieder sah sie mich misstrauisch an, riss dann aber einen Zettel von einem kleinen Notizblock, der zusammen mit einem Kugelschreiber auf dem Marmortisch lag, und schrieb mir die Nummer auf. Beim Verlassen des Gebäudes blendete mich der Sonnenschein. Es war, als hätte ich hundert Jahre in dem Haus verbracht oder kehrte soeben von einer langen Reise zurück. Am Straßenrand stand ein Auto. Eine Frau lud gerade einen Kinderwagen aus. Ich sah zum vierten Stock hinauf und war froh, dass dort der Rollladen heruntergelassen war. Der *kurva* aus dem Fitnessstudio hätte dieser Anblick nicht gefallen.

22

Nebel bedeckte die Stadt, breitete sich bis zum Río de la Plata aus. Er verhüllte die Kuppeln, Türme und obersten Stockwerke der Gebäude, drang in die Nasen, reizte die Augen. Alles, was man sehen konnte, waren Hosen, Röcke und Schuhe. Die Leute beklagten sich, der Nebel war an allem schuld: Dass die U-Bahn so langsam fuhr, die Züge entgleisten, die Taxis nicht durchkamen, Menschen unter der Pacífico-Brücke oder auf dem Platz vor der medizinischen Fakultät schliefen. Nur unser Viertel blieb vorerst verschont, hier zeigte sich weiterhin ein nahezu blauer Himmel.

Am Nachmittag fand ich beim Nachhausekommen eine Nachricht von Hugo auf dem Anrufbeantworter vor. Er war in Buenos Aires. Er ließ durchblicken, dass er sich durchaus daran erinnerte, dass aus unserem Treffen in Paraná zuletzt nichts geworden war, wollte dem aber offensichtlich nicht allzu viel Gewicht beilegen. Also rief ich zurück, und wir verabredeten uns für in zwei Stunden. Als ich aufgelegt hatte, sah ich mich in der Wohnung um. Zum Glück war alles sauber. Ich wechselte noch rasch die Bettwäsche, klopfte die Kissen glatt, legte im Bad frische Handtücher bereit und versprühte überall Raumspray. Dann stellte ich eine Flasche Champagner kalt, die noch von Silvester übrig war. Ich betrachtete mich im Spiegel. Meine Augen waren geschwollen. Ich holte die beiden Eiswürfelbehälter aus dem Kühlschrank und leerte den Inhalt ins Waschbecken. Von dem eiskalten Wasser wurde ich endlich richtig wach.

Der Weg zum Busbahnhof war die reinste Rutschpartie. Auf den feucht schimmernden Gehwegen setzten die Menschen unsicher einen Fuß vor den anderen. Vor dem Eingang zu einem Souvenirladen voller Kaffeebecher, Schlüsselanhänger und kleiner Teddybären fielen wir uns in die Arme. Hugo erzählte, wegen des Nebels habe die Fahrt über acht Stunden gedauert. In dem Gedränge machte er einen irgendwie verlorenen Eindruck. Immer wieder sah er sich nach allen Seiten um. Offensichtlich hatte er nichts so gern am Leib wie Jeansstoff: Er trug nicht nur Jeanshosen, sondern auch eine hellblaue Jeansjacke und darunter ein dunkelblaues Jeanshemd. Dazu verströmte er den Duft von Rasierwasser. Als von mir nichts kam, schlug er vor, dass wir uns erst mal in das Café neben dem Souvenirladen setzten.

Wir bestellten zwei Tassen Tee. Er bot mir eine Zigarette an. Ich stammelte, danke, ich rauche nicht, woraufhin er sich eine Zigarette ansteckte und sich dann zu mir hinüberbeugte. Ich atmete den Rauch ein, den er ausstieß. Bis der Kellner wiederkam, saßen wir bloß da und sahen uns lächelnd an, während ich seine Hand umfasst hielt. Im Schutz der Musik und der lautstarken Unterhaltungen bekam ich von dem, was um uns herum ablief, nicht allzu viel mit. Bis auf das Gespräch von zwei Frauen am Nachbartisch. Die eine war so stark geschminkt, als sollte sie gleich auf einer Bühne auftreten. In dem Kosmetiksalon, der dafür verantwortlich war, hatte man sie außerdem mit Patschuli übergossen, dessen Duft in Schwaden zu uns hinüberwehte.

„Ich versteh wirklich nicht, wieso ihr noch zusammen seid", sagte die eine.

Die andere zuckte die Schultern.

„Gehst du noch mit ihm ins Bett?", fragte ihre Gesprächspartnerin.

„Ab und zu", sagte die andere.

Hugo deutete mit dem Kopf in Richtung der beiden. Ich zog meine Hände zurück. Auf einmal wusste ich nicht, ob ich wollte, dass diese Sache weiterging. Ich musste an meine beiden früheren Liebhaber denken: An Luis, der mich *Roite* genannt hatte, statt Ruth, und an Adolfo, für den ich dauernd Wareniki machen sollte, aber nach dem Rezept seiner Mama; außerdem sollte ich mich beim Schlafen immer ganz eng an ihn ankuscheln. Später waren die Männer allmählich aus meinem Leben verschwunden. Inzwischen war Sex bloß noch eine angenehme Erinnerung, die mich gelegentlich in der Nacht besuchen kam. Als irgendwann die Zeit der Hitzewallungen begann, machte mir das nicht allzu viel aus. Ich vergnügte mich mit den Kontaktanzeigen in der Zeitung und dem Material aus dem Archiv. Wie man so sagt: Hauptsache gesund, um sich umzubringen ist später noch Zeit genug. Der Kellner erschien mit dem Tee. Als er wieder fort war, fing Hugo an, meine Hände zu streicheln. Da hatte ich das Gefühl, es sei Zeit für mich, zu verschwinden, und trotzdem fragte ich – als wäre ich es Hugo schuldig, weil er sich gemeldet hatte:

„Sollen wir zu mir gehen und was trinken?"

Kaum hatte ich das gesagt, begriff ich, dass etwas anderes, das Bedürfnis nach etwas anderem, mich dazu gebracht hatte, diesen Vorschlag zu machen. Nicht nur, dass ich mich allein fühlte, und auch nicht bloß die Tatsache, dass er denselben Vornamen hatte wie mein Ex-Mann. Ich wollte mich schon entschuldigen, als ich ihn sagen hörte:

„Gut." Er strich mir mit dem Finger über die Wange. „Was hast du denn anzubieten?"

„Champagner", sagte ich. „Er liegt schon im Eisschrank bereit."

„Für wen denn?"

„Für dich."

„Glaub ich nicht."

„Kannst du aber."

„Du bist ein Schatz."

Sein Kompliment ging mir warm hinunter. Ich wollte aufstehen, aber Hugo hielt mich zurück.

„Wohin so schnell?"

„Auf die Toilette."

„Bleib hier."

Eine leichte Betäubung erfasste mich, um mich herum versank die Welt im Nebel. Leise sagte ich, ich wisse nicht, ob ich wirklich mit ihm schlafen wolle.

„Hm", sagte er.

„Vielleicht lieber wann anders."

„Klar."

„Entschuldige."

„Schon gut."

Er gab dem Kellner ein Zeichen.

Als wir vor meiner Tür standen, sah ich mich verstohlen um. Ich hatte das Gefühl, sämtliche Nachbarn lägen auf der Lauer. Zuerst steckte ich den falschen Schlüssel ins Schloss. Beim zweiten Anlauf klappte es dann. Die Pflanzen im Hof hatten noch nie einen so vertrockneten Eindruck gemacht. Als wir im Wohnzimmer standen, beglückwünschte ich mich insgeheim, dass ich Gladys beim letzten Mal eingeschärft hatte, wieder einmal richtig gründlich sauberzumachen. Hugo betrachtete den Geschirrschrank. Das Foto meiner Großeltern. Das von mir an meinem fünfzehnten Geburtstag. Das von mir und Pablo Filkenstein nahm er kurz in die Hand und stellte es dann wortlos wieder zwischen das meiner Großeltern und das von mir an meinem fünfzehnten Geburtstag. Er setzte sich und schob den Zeitungsstapel auf dem Tisch zur Seite.

„Heute wird mal nicht gelesen."

Ich ging in die Küche und nahm den Champagner aus dem Eisschrank. Zurück im Wohnzimmer übergab ich ihn Hugo, der den Korken knallen ließ und zwei Gläser vollschenkte. Ich sah in Richtung Flur, ich bildete mir ein, es habe an der Tür geklingelt.

Als ich mich wieder Hugo zuwandte, stellte ich fest, dass er seinen obersten Hemdknopf aufgemacht hatte. Er hielt mir ein Glas hin.

„Der Champagner ist gut", sagte ich.

Ich rückte näher an Hugo. In seinem Auge war ein Äderchen geplatzt. Er streichelte mein Haar. Ich legte ihm eine Hand in den Nacken und küsste ihn kurz auf die Lippen. Ich spürte, wie er nachgab. Sein Mund öffnete sich und er küsste mich zurück.

„Ich hab mich so auf dich gefreut", sagte ich, während ich seinen Gürtel löste.

Eine Stunde später lagen wir immer noch im Bett. Ich umschlang ihn mit den Beinen. Als wir gerade wieder anfangen wollten, läutete das Telefon. Es war Chiquito Gold.

„Débora ist aufgetaucht", sagte er.

23

Ich stand mit dem Hörer in der Hand im Flur. Atmete tief ein und aus. Blickte in Richtung Wohnungstür. Ein schwacher Schimmer drang von draußen herein.

„Ich bin ganz in der Nähe", sagte Chiquito, „in einer Viertelstunde bin ich bei Ihnen."

Ich fühlte mich wie gelähmt. Aus dem Schlafzimmer war der Fernseher zu hören. Ein Sprecher berichtete, dass zwei Männer wenige Meter von einer bewachten Wohnsiedlung entfernt eine Frau und ihre Tochter überfallen und Letztere entführt hatten. Bislang hatten die Verbrecher keinen Kontakt zur Familie aufgenommen. Ich stand weiterhin bloß da und hörte zu. Die Zeit schien stillzustehen. Ich legte auf. Als ich ins Schlafzimmer zurückkehrte, saß Hugo reglos auf dem Bett und starrte auf den Bildschirm. Ich sagte, ich bekäme gleich Besuch.

„Ich erklär's dir später."

Hugo zog sich an und ging ohne mich anzusehen an mir vorbei. Dass der überstürzte Abschied ihm nicht gefiel, war offensichtlich, also drängte ich ihn an die Wand und küsste ihn. Es war ein langer, feuchter Kuss. Er legte die Hände an meine Hüften, und ich spürte den Druck seiner schlanken kräftigen Finger. Dann trat er einen Schritt zurück und sah mich an, als würde er mich kennen, nur woher, wisse er nicht mehr. Er griff nach seiner Jeansjacke und schlüpfte hinein. Er wartete auf eine Erklärung, die ich ihm jedoch nicht geben würde. Bevor er hinausging, fragte er, ob ich nicht mitkäme, um ihm die Haustür aufzuschließen. Ich sagte, das sei nicht nötig. Ich hörte, wie seine Schritte sich im Hausflur entfernten. Dann öffnete sich eine Tür, fiel wieder ins Schloss. Ich atmete erleichtert auf. Stellte den Fernseher aus, strich die Bettdecke glatt, wusch die Gläser ab und setzte Teewasser auf.

Chiquito Gold stürmte herein, leichenblass. Er trug eine graue Lederjacke. Der Bauch quoll ihm über den Gürtel. Um den Hals hatte er ein Tuch mit Leopardenmuster gelegt.
Ich bot ihm einen Sessel an.
„Möchten Sie einen Tee?"
„Ja, gut."
Als ich mit dem Tee kam, stand Chiquito immer noch mitten im Zimmer. Sein Kopf stieß fast an den Kronleuchter. Als ich ihm die Tasse in die Hand gedrückt hatte, schien er sich ein wenig zu beruhigen. Er setzte sich. Ich setzte mich ihm gegenüber. Von draußen hörte man die Sirene eines Krankenwagens.

„Wo haben Sie denn gesteckt?", fragte er.

„Ich war verreist."

Er holte eine Packung Marlboro hervor, zündete sich eine an und nahm einen tiefen Zug.

„Was soll der Quatsch?"

Er drückte die Zigarette auf dem Unterteller aus.

„Also, was war los?"

Er beugte sich vor, schob die Teetasse in die Mitte des Tischs und zog sie dann wieder zu sich her. Dann steckte er die Hand in eine Jackentasche und holte einen Umschlag hervor.

„Den müssen Sie ihr bringen."

Er legte den Umschlag neben die Tasse. Ich nahm ihn und sah, dass er voller Dollars war.

„Hat man Ihnen angedroht, Ihr Bankkonto zu sperren?", fragte ich.

„Lassen Sie die Witze", erwiderte er, zündete sich die nächste Zigarette an und sah mich unendlich mitleiderregend an.

Mir ist einfach nicht zu helfen. Wenn mir ein weinender Mensch über den Weg läuft, muss ich mich ihm zuwenden, ich kann nicht dagegen an. Chiquito Gold kannte ich erst seit Kurzem. Seiner Tochter war ich nie begegnet. Trotzdem brauchte er nur anzurufen, und ich ließ alles stehen und liegen. Auch wenn nicht das Geringste dabei für mich heraussprang. Außer, dass ich über kurz oder lang Willie und der jungen Frau aus dem Paraná Gesellschaft leisten würde.

„Wo ist sie?", fragte ich.

„Ich weiß nicht", sagte Chiquito. „Sie hat eine Nachricht auf dem Anrufbeantworter hinterlassen, im Geschäft, als ich gerade nicht da war. Ich gehe immer um zehn einen Kaffee trinken", fuhr er fort, als müsste er sich entschuldigen. „Aber das war sie, da bin ich mir sicher. Sie hörte sich allerdings an, als hätte sie Drogen genommen."

„Hat sie gesagt, wie viel?"

„Genau da bricht die Nachricht ab", sagte Chico. „Ich hab den ganzen restlichen Tag am Telefon gewartet. Ich hab nicht verstanden, wieso sie nicht auf dem Handy anruft. Meiner Frau hab ich erst mal nichts gesagt, sie hat gerade wieder einen Wahnsinnsbluthochdruck. Kurz bevor wir zumachen, hat sie dann nochmal angerufen. Sie hat gesagt, wir sollen ihr dreitausend Dollar in eine Diskothek bringen."

Chiquito starrte mit leerem Blick auf eine Stelle irgendwo über meinem Kopf.

„Sie hat gesagt, mich will sie nicht sehen."

Er tat einen langen Zug an der Zigarette.

„Hat sie den Eindruck gemacht, sie hat vor irgendwas Angst?", fragte ich.

„Sie war nicht gut zu verstehen", sagte Chiquito, „im Hintergrund waren Stimmen, jemand schien Befehle zu erteilen."

Er sah mir in die Augen, griff nach dem Umschlag und hielt ihn vor mir in die Höhe.

„Ich habe zu ihr gesagt, eine Frau würde ihr das Geld bringen, mit einem Halstuch von ihrer Mutter." Er griff sich an den Hals. „Das war das Erste, was ich gefunden habe."

Auffällig war das Tuch wirklich. Genauso gut hätte ich mich in die Fahne von Atlético Atlanta hüllen können, *des* jüdischen Sportvereins von Villa Crespo – als käme ich gerade aus dem León-Kolbowsky-Stadion.

„Dann ist ja wohl alles klar."

Chiquito zog ein letztes Mal an der Zigarette, drückte sie aus, nahm sich das Tuch vom Hals und legte es vor mir auf den Tisch.

„Wenn Sie sich beeilen, schaffen Sie es noch rechtzeitig", sagte er. „Sie sind ein braves Mädchen, Lea hat sich nicht getäuscht, als sie Sie mir empfohlen hat."

Ich ging mit dem Tuch ins Schlafzimmer, öffnete den Schrank und sah meine Kleider durch. Meine Kusine hatte Recht: Leopardenmuster passt wirklich zu gar nichts.

24

Donnernder Lärm schlug mir entgegen. Ein altes Gebäude in der Avenida Rivadavia, auf Höhe der Hausnummer 700. Doppelte Stahltür. Balkons neben dem Eingang. Bunte Wandfliesen in der Vorhalle. Rappelvoll, obwohl es ein ganz normaler Werktag war. Junge Männer mit engen Jeans und Turnschuhen, Mädchen in Leggins und langen T-Shirts, dicht aneinandergepresst. Abwesende Blicke. Angriffslustige Blicke. Mühsam schob ich mich durch die Menge, die sich zum Rhythmus der Musik bewegte. Auf der Suche nach einem freien Platz merkte ich irgendwann, dass ich die ganze Zeit die Hand auf die Hosentasche presste, in der der Umschlag steckte. Schließlich erreichte ich die Theke. Ich bestellte einen Fernet-Branca und ließ mich auf einem mit Kunstleder bezogenen Sitzwürfel nieder.

Im Boden der Tanzfläche waren Strahler angebracht. Sie leuchteten gelb, rot und grün. Als ich den letzten Schluck von meinem Fernet getrunken hatte, heulte auf einmal eine Sirene auf. Die Musik wurde noch lauter. Ich blickte zur Kabine des DJ. Der junge Mann im Inneren sah wie ein Astronaut aus. Er hantierte an seinen Plattenspielern. Eine Stimme durchdrang das Schummerlicht. „Und das Raumschiff hebt wieder ab. Die Besatzung hat die Kontrolle übernommen. Vor uns die unendlichen Weiten des musikalischen Weltalls. Auf in eine Nacht voller Abenteuer..." Zusätzliche Scheinwerfer leuchteten auf, schickten ihren Strahl quer durch den Raum. Die Plattenteller rotierten. Der Lärm schwoll an. In der Mitte der Tanzfläche verdichtete sich die Menge. Ich bestellte noch einen Fernet und ließ mich wieder auf meinem Sitzwürfel nieder. Die Lichter fingen an zu flackern. Ich versuchte, trotzdem den Überblick zu behalten. Ich vergewisserte mich, dass der Umschlag noch in meiner Tasche steckte. Zog das Halstuch zurecht. Starrte in Richtung der Tanzenden. Um drei Uhr morgens saß ich immer noch so da. Alle Mädchen hatten lange Haare. Alle waren groß und schlank. Keine kam mir auch nur irgendwie bekannt vor. Auf einmal näherte sich ein junger Mann mit Sonnenbrille und Basecap und hielt mir eine Tablette hin. Sie sah aus wie ein Aspirin. Ich nahm sie dankbar lächelnd entgegen. Trotz der Sonnenbrille kam mir das Gesicht bekannt vor. Gleich darauf wurde der Mann wieder von der Menge der Tanzenden verschluckt.

„Schau mal, die ganzen süßen Boys", sagte eine Männerstimme hinter mir und kicherte.

„Die sind so was von scharf", ergänzte eine andere.

„Und der erst..."

Ich sah mich um, konnte aber nicht feststellen, wer die beiden Sprecher waren.

„Und der da. Und der da."

Ich stand auf und wanderte langsam am Rand der Tanzfläche entlang. Im flackernden Lichtschein kam jemand mit einem ganzen Kübel Whisky vorbei. Die Eiswürfel schaukelten in der Flüssigkeit. An einer Stelle war die Wand verspiegelt, aber ich verzichtete darauf, mein Abbild zu betrachten. Irgendwann blieb ich wieder stehen und lehnte mich seitlich an einen Lautsprecher. Vier Uhr morgens. Noch mehr Leute betraten die Tanzfläche. Schultern. Arme. Köpfe. Beine. Die jungen Männer tranken Mineralwasser. Die Mädchen gaben sich Zungenküsse. Meine Lider waren bleischwer. Mir wurde schwindlig und mein Herz klopfte wie wild. Mein Mund war ausgedörrt. Immer noch nahm ich Gesprächsfetzen wahr, einzelne Stimmen, nicht zu Ende geführte Bewegungen, weit aufgerissene Augen, T-Shirts mit Schweißflecken unter den Achseln. Trotz des Lärms um mich herum herrschte im Inneren meines Kopfs Totenstille. Ich zwang mich, durchzuhalten. Entspann dich, befahl ich mir, Beine lockerlassen, die Schultern, den Bauch. Tief einatmen. Und wieder raus mit der Luft. Auf einmal lachte eine junge Frau neben mir heiser, bedeckte sich das Gesicht mit der Hand, zog die Hand wieder weg und trank einen Schluck aus der Bierflasche in ihrer anderen Hand. Etwas später drehte sie einen Joint, der gleich darauf die Runde machte.

„Geil, die Party", sagte jemand in meiner Nähe.

„Na ja, so toll find ich's auch wieder nicht", antwortete jemand anderes.

Da erschien plötzlich der junge Mann mit der Sonnenbrille wieder. Er gab mir ein Zeichen und deutete auf eine Stelle inmitten der Tanzfläche. Ich versuchte zu erkennen, welche der sich dort aneinanderdrängenden Gestalten er meinte. Ein Mädchen mit Haaren, die bis über die Hüften reichten, bewegte sich zum Rhythmus der Musik. Das Licht der Scheinwerfer wurde von ihrem weißen T-Shirt zurückgeworfen. Débora, sagte ich zu mir, das muss sie sein. Dunkelheit. Lichtschein. Die Musik wurde noch lauter. Ich warf mich ins Getümmel, steuerte blindlings auf mein Ziel zu, trat jemandem auf den Fuß, dann gleich auf den nächsten. Vor mir geriet eine junge Frau ins Taumeln. Wir stießen aneinander. Ich richtete mich auf und stammelte eine Entschuldigung. Es roch nach Schweiß, Bier, Fernet-Branca. Dann explodierte das Licht zu einem feurigen Regen. Ich erreichte die Mitte der Tanzfläche.

„Débora."

Sie starte mich an, als wäre ich ein *dibbuk*. Ich packte sie am Arm und zerrte sie zwischen den Tanzenden hindurch zur Theke. Ich zwang sie, sich zu setzen. Ihr Arm war eiskalt. Ich umklammerte ihn weiterhin und setzte mich neben sie. Aus der Nähe wirkte sie jünger, fast kindlich. Am liebsten hätte ich sie in die Arme genommen und gestreichelt. Sie schlug die Beine übereinander, lehnte sich mit dem Rücken an die Wand und sah mich unter ihren dichten Wimpern hervor an. Die stark gewölbten Brauen waren tiefschwarz, genau wie ihr Haar.

„Lass los", sagte sie.
Sie trug eine Zahnspange.
Ich lockerte den Griff um ihren Arm.
„Jetzt erzähl mal."
Sie sah auf ihre Turnschuhe hinunter. Dann richtete sie sich auf, strich sich mit der einen Hand das seitlich herabhängende Haar nach hinten, während sie sich mit der anderen ins Ohrläppchen kniff.
„Gib mir das Geld."
Ich zog den Umschlag aus der Tasche und hielt ihn ihr vor die Augen, als wäre sie drei Jahre alt und hätte um ein Bonbon gebettelt. Dann legte ich ihn mir auf die Knie. Sie zog die Brauen hoch und blickte mich wortlos an. Irgendwann beugte sie sich vor, nahm den Umschlag und schob ihn sich unter den Oberschenkel.
„Ich kenn Willie aus dem Fitnessstudio", fing sie an.
Ich ließ sie ausreden.
„Willie ist tot."
Dunkelheit. Lichtschein. Débora schlug sich die Hand vor den Mund, stand auf und rannte in Richtung Tanzfläche. Die Musik wurde noch lauter. Ich stürzte hinter ihr her. Es war, als verfolgte ich ein Gespenst. Links von mir tauchte eine Gestalt auf. Sie war ziemlich dick, so viel nahm ich wahr. Mehr nicht. Nicht einmal an den den Sturz erinnerte ich mich später. Nur Feuer und Dunkelheit und vor der Dunkelheit Leere.

25

Ich nahm einen süßlichen Geruch wahr. Es war kein flüchtiger, vorübergehender Geruch wie etwa im Bus, er war durchdringend und beständig, als käme ich gerade aus einer Gerberei oder wäre in eine Klärgrube gefallen. Der Geruch war überall, in meinem Haar, in den Laken, im Kissen. Ich öffnete die Augen. Richtete mich auf. Jemand hatte mich bis auf Slip und T-Shirt ausgezogen. Über einem Sessel neben dem Bett lag ein rotes Umlegetuch aus Seide mit gelben Blumen. Ich betrachtete die Blumen. Betastete mein Genick. Dort musste ein blauer Fleck sein. Alles tat mir weh. Irgendwie schaffte ich es, mich zur Seite zu drehen und die Beine auf den Boden zu setzen. Meine Füße waren eiskalt. Meine Schuhe standen an der Wand. Wie alle Schuhe, die sich nicht an den Füßen ihres Besitzers befinden, sahen sie einsam und verlassen aus. Mühsam erhob ich mich, schleppte mich zu ihnen und zog sie mir an. Als nächstes befühlte ich mit der Zungenspitze meine Zähne. Alle waren heil.

Neben dem Sessel stand eine Lampe. Über mehrere Stühle verstreut lag eine Unmenge von Kleidungsstücken: Miniröcke, Oberteile, Mieder, alles wild durcheinander wie auf einem Grabbeltisch. Ich tappte im Zimmer umher und versuchte zu begreifen, wo ich war. Noch mehr Miniröcke. Noch mehr Mieder. Ergeben wartete ich darauf, dass mein Kopf mir alle nötigen Informationen zukommen ließ. Was war das für ein Zimmer? Wie war ich hierher gelangt? Wer hatte mich ausgezogen und ins Bett gelegt? Ich blieb stehen, beugte mich vor, um mein Knie zu massieren, und überlegte, welcher Teil meines Körpers stärker schmerzte, mein Knie oder mein Kopf, der sich ebenfalls vorbeugte, während ich mein Knie massierte.

Es klopfte an der Tür.

Ich richtete mich auf, starrte mit zusammengepressten Lippen in die Richtung, aus der das Geräusch gekommen war, und wartete, dass jemand aufmachen und hereinkommen würde. Ich hüllte mich in das rote Seidentuch. Die Klinke senkte sich, die Tür wurde aber trotzdem nicht geöffnet. Erneutes Klopfen, dann das Geräusch sich entfernender Schritte. Kurz darauf kehrten die Schritte zurück.

Eine Frau im Bademantel mit Lockenwicklern im Haar erschien im Zimmer.

„Das hat Lola dagelassen."

Ein Stück Apfelstrudel.

Lola hatte mich im Eingang der Diskothek entdeckt, in ein Taxi verfrachtet und hierher gebracht. Ich lächelte. Jetzt erkannte ich auch das seidene Umlegetuch mit den gelben Blumen wieder. Ich bedankte mich bei der Frau mit den Lockenwicklern und stellte den Teller mit dem Strudel auf den Tisch. Die Frau gab mir den Rat, das Papier, mit dem der Strudel bedeckt war, vorläufig nicht zu entfernen, damit der Kuchen nicht austrocknete. Dann verschwand sie so rasch, wie sie gekommen war. Ich ging ins Bad. Während ich meine *kishkes* entleerte, sagte ich mir, dass dieses Badezimmer offensichtlich einer Frau gehörte. Ein besticktes Handtuch, kleine Glycerinseifen, eine Duschhaube. Ein Blick ins Medizinschränkchen bestätigte meine Einschätzung. Reinigungsmilch. Wachs. Nagellackentferner. Ich ließ Wasser in einen Becher laufen und gab ein Alka-Seltzer und ein Aspirin dazu. Schon bald fühlte ich mich besser und legte mich wieder ins Bett.

Als ich aufwachte, war es dunkel. Ich stand auf, nahm meine Hose und mein T-Shirt von dem Wäschehaufen und zog mich an. Ich machte Tee und aß ein Stück Strudel. Danach, angezogen und mit etwas Ordentlichem im Magen, konnte ich gleich besser nachdenken. Der Fettsack auf der Tanzfläche musste Osvaldo Caro gewesen sein, da war ich mir sicher. Irgendwann hatte er sich zu mir umgewandt und mich entsetzt angestarrt.

Auf dem Tisch lag ein Band mit Erzählungen von Isaac Bashevis Singer, den ich Lola einmal zum Geburtstag geschenkt hatte. Ich konnte nicht widerstehen und schlug das Buch auf. Auf der ersten Seite stand meine Widmung. Ich musste an den Vortrag denken, den Singer einmal auf Einladung der argentinisch-jiddischen Tageszeitung *Di Presse* und des jiddischen Schriftstellerverbands in Buenos Aires gehalten hatte. Dabei hatte er von der düsteren Faszination des Mythos gesprochen, der sich jahrelang um diese Stadt und den Frauenhandel gesponnen hatte. Zu Beginn der Erzählung „Janka" heißt es: „Als Junge hatte ich in Warschau die schrecklichsten Geschichten über Buenos Aires gehört. Angeblich fuhren dort Zuhälter auf der Suche nach jungen Frauen in der Stadt umher. Hatte einer von ihnen ein vielversprechendes Opfer ausgemacht, lockte er es mit allen möglichen Verheißungen in einen Keller. Wollte das arme Mädchen sich dort nicht auf den Handel einlassen, bekam es Schläge. Jetzt ist Warschau bloß noch eine Ruine, und ich bin in Buenos Aires."

Ich klappte das Buch zu. Auch ich war bloß noch eine Ruine, ein Häufchen Elend, ein *schmatte*. Ich sah mich im Zimmer um. In einem Aschenbecher lag ein nur zur Hälfte gerauchter Joint. Auf einmal war ich überzeugt, dass ich unbedingt etwas brauchte, um mich in Stimmung zu bringen. Also griff ich nach dem Joint und zündete ihn an. Ich nahm einen langen Zug. Hustete. Nahm den nächsten Zug. Jeder kennt das: Der Appetit kommt beim Essen. Als ich mich schließlich in der besten aller Welten befand, waren auf dem Gang wieder Schritte zu hören. Vergeblich sah ich mich nach einem Versteck um. Dann trat ich hinaus auf den Hof, stieg auf einen Stuhl und blickte über die Mauer. Unter mir lehnte ein zusammengeklappter Gartentisch an der Wand. Als ich noch überlegte, ob er mich – mein Gewicht – wohl aushalten würde, hörte ich, dass die Schritte näher kamen. Da stemmte ich mich hoch und setzte mich rittlings auf die Mauer.

Nicht schlecht für jemanden, der sonst fürchtet, sich beim kleinsten Ausrutscher die Hüfte zu brechen. Jetzt entfernten sich die Schritte wieder. Ich blieb noch eine Zeitlang auf der

Mauer sitzen und beobachtete das Paar im Nachbarhaus, das friedlich umarmt schlief. Begleitet vom Geräusch ihres Ventilators hing ich irgendwann wieder mit baumelnden Beinen an der Mauer und streckte suchend die Zehenspitzen nach dem Stuhl aus.

26

Als ich am nächsten Tag in meiner eigenen Wohnung aufstand, fand ich eine Benachrichtigung von der Post vor. „Empfänger nicht angetroffen." Die angegebene Abholstelle lag in der Nähe der Plaza Italia. Ich ging zu Fuß dorthin. Man händigte mir einen Umschlag aus, ohne Absender. Ich setzte mich auf eine Bank auf dem Platz und riss das Papier auf. Im Inneren befand sich eine DVD ohne irgendeine Beschriftung. Es war ein strahlend blauer Vormittag. Die Sonne wärmte mir den Kopf. Ein Mann mit einem kleinen Jungen an der Hand betrat den Zoo gegenüber. Ein Erdnussverkäufer rührte in seiner Pfanne. Ein Zeitungsjunge pries die neueste Ausgabe an. Ich döste ein. Irgendwann fiel mir, warum auch immer, wieder ein, was Berele gesagt hatte, als wir nach der letzten Hebräischstunde bei ihm in der Küche eine Tasse Tee tranken. Damals hatte ich noch mehr als sonst den Eindruck, in manchen Dingen vertrete er reichlich überdrehte Ansichten, aber jetzt kamen mir seine Worte so selbstverständlich und real vor wie die Pferdekutsche für Touristen am Zooeingang. „Die Mafiabanden haben heimlich beschlossen, uns endgültig auszulöschen. Vorläufig beschränken sie sich darauf, das Terrain vorzubereiten, aber irgendwann schlagen sie los, und dann ist alles zu spät. Es ist höchste Zeit, wir müssen etwas tun, die Initiative ergreifen. Immer mehr Leute werden arbeitslos. Immer mehr Leute werden krank. Immer mehr Leute haben nicht genug zu essen. Und was glaubst du, wem sie zuletzt die Schuld dafür in die Schuhe schieben? Uns natürlich. Und da heißt es, wir seien das auserwählte Volk. Eine höhere Rasse. Dabei waren wir noch nicht mal imstande, Hitler vorauszusehen."

Warum erinnerte ich mich ausgerechnet jetzt daran? Was hatte das mit meinem Fall zu tun? Ich sah noch genau vor mir, wie entsetzt der alte Mann im Archiv in Avellaneda mich angeblickt hatte, als ich fragte, ob es sein könne, dass die Zwi Migdal heute noch aktiv ist. Offensichtlich hatte er mich für komplett meschugge gehalten. Und ebenso offensichtlich hatte er völlig Recht. Nur ein krankes Hirn konnte auf solche Gedanken kommen, und Bereles Verschwörungstheorie hatte sie noch kräftig befeuert. Ich stand auf und machte mich auf den Heimweg. Als ich an der nächsten Kreuzung an einer roten Ampel warten musste, sagte ich mir, wenn es grün würde, bevor ich bis zehn gezählt hätte, würde es mir auch gelingen, das Rätsel zu lösen. Woraufhin ich mich endlich wieder ungestört meinen alten Akten und Karteikarten widmen könnte. Abgesehen davon, dass ich Hugo anrufen und ein neues Kapitel meines Lebens beginnen würde. Eins. Zwei. Drei. Vier. Fünf. Sechs. Sieben. Acht. Neun. Zehn.

Die Ampel wurde grün.

Warum hatte ich nicht bis elf gezählt? Dann wäre Débora längst wieder zu Hause und alles Übrige hätte sich erledigt.

Als ich die Wohnungstür öffnete, klingelte drinnen das Telefon. Ich legte die CD auf den Tisch und hob ab. Es war Mauri. Er berichtete, dass seine Mutter mit Verdacht auf Herzinfarkt ins Hospital Israelita eingeliefert worden sei.

An der Ecke Avenida Nazca und Avenida Gaona stieg ich aus dem 53er. Das Krankenhaus war grau gestrichen. Obwohl die Farbe an manchen Stellen abblätterte, sah man dem Gebäude an, dass es bessere Zeiten gekannt hatte. Einst war es der Stolz der Gemeinde gewesen. An manchen Rollläden fehlten Lamellen. Am Eingang war ein grünes Gitter. Im Garten eine Statue von Zeev Jabotinsky. Meine Beine wollten weitergehen, aber mein Kopf ließ es nicht zu. Ich hatte das Gefühl, etwas Entscheidendes zu übersehen, obwohl es sich unmittelbar vor meinen Augen befand. Doch je mehr ich mich bemühte, es in den Blick zu bekommen, desto hartnäckiger entzog es sich. Erst nach längerem Suchen fand ich die Aufnahme. Am Informationsschalter war niemand. Ich ließ den Blick über eine Inschrift mit den Namen der Krankenhausgründer gleiten. Dann fragte ich einen vorbeischlendernden Patienten, wo die Herzstation sei.

Ich betrat einen großen Saal, der durch Stellwände in kleine Räume unterteilt war. Im zweiten lag Lea. Sie trug ein Nachthemd mit Blümchenmuster und schien keineswegs dem Tode nahe. Angeregt unterhielt sie sich mit ihrer Bettnachbarin. Gerade schilderte sie, wie sie zunächst einen Schmerz in der

Brust und danach das Gefühl empfunden habe, ein Elefant trete ihr auf die Schulter. Irgendwann habe sich der Schmerz ihre gesamte linke Körperhälfte hinabgezogen, fuhr sie begeistert fort, offensichtlich darauf bedacht, nicht das Geringste auszulassen. Bei meinem Anblick breitete sie aufgeregt die Arme aus.

„Du musst mir unbedingt helfen."

„Ja."

Ich setzte mich an den Rand ihres Betts.

„Mauri", sagte sie. „Es ist nicht zu fassen: Jetzt will er auf einmal die polnische Staatsbürgerschaft beantragen. Kennst du jemanden, der ihm bei dem dazugehörigen Papierkram helfen könnte?" Ihr linkes Augenlid zitterte. „Aber ich wollte dich nicht noch mehr belasten..."

Ich sah zu dem anderen Bett hinüber. Dort stand jetzt ein junger Arzt mit knochigem Gesicht und weit geschnittenen Hosen, drückte die Hand der Frau und sagte: „Alles wird gut." Das Fenster stand offen, die Gardine bewegte sich im Luftzug. Da piepte es auf einmal und die Linie auf dem EKG-Bildschirm setzte sich zuckend in Bewegung. Ein Krankenpfleger kam und sagte, ich solle bitte gehen. Lea verdrehte die Augen. Deutete auf den Arzt. Sie war unfähig, auch nur für einen Augenblick stillzuhalten, so als könnte sie mir das, was sie sagen wollte, nur durch Bewegungen mitteilen.

Ich winkte ihr vom Gang aus zum Abschied zu.

„Weißt du noch, Tante Malke...?", sagte sie.

Tante Malke. Papas Tante. Bei uns zu Hause wurde über diese Geschichte nicht gesprochen, ich musste sie mir selbst zusammensuchen, aus Archivmaterial und anderen alten Unterlagen. Tante Malke stammte aus Łódź. Dort hatte sie irgendwann vor dem Hunger die Flucht ergriffen. Und vor der Armut. Und vor einem Vater, der Schneider, und einer Mutter, die Wäscherin war. Beide hatten sie in dem Mann mit den hellen Haaren, dem gestreiften Anzug und der eleganten Krawattennadel die Möglichkeit gesehen, dass ihre Tochter dem Elend entkommen könnte.

Für die Reisekosten kam großzügig die Hilfsgemeinschaft auf, wie die Händler sich scheinheilig ausdrückten. Ihre Vertreter zogen über die Dörfer und streuten das Gerücht, sie seien auf Brautschau unterwegs. Und wenn die Eltern von der Sache nicht überzeugt waren, drängten die jungen Frauen umso mehr. Angesichts der Armut, die damals in Polen herrschte, war die Aussicht, nach Buenos Aires zu gelangen, mehr als verlockend.

Im Hafen von Montevideo ging es von Bord, der Rest der Reise, die Überquerung des Río de la Plata, wurde mit einem Schnelldampfer erledigt. Gleich nach der Ankunft in Buenos Aires wurde Tante Malke in ein Bordell gesperrt. Nicht einmal auf den Hof gehen ließ man sie. Wenn sie es doch wagte, wurde sie verprügelt. Zweimal pro Woche sah ihr Zuhälter vorbei. Als Mitglied der Zwi Migdal und wichtiger Politiker der libertären Unión Cívica Radical konnte er weitgehend ungestört seinen geheimen Geschäften nachgehen. Im hinteren Teil des Bordells bewohnte seine Geliebte eine luxuriöse Suite. Im Salon stand ein Tresor. Dort arbeitete auch ein Sekretär, zu dessen Aufgaben es gehörte, die Herrin des Hauses stets über die Einkünfte auf dem Laufenden zu halten, die jedes einzelne Mädchen erwirtschaftete.

In meiner Familie sprach man nicht über Tante Malke.

Als existierte sie nicht.

Und Mauri wollte jetzt also Pole werden.

Und was war mit Débora?

Und ihr *shvartser*?

Und die Kleine aus dem Paraná?

Auf dem Weg zum Ausgang hörte ich im Vorbeigehen, wie eine Vertreterin einen Patienten von den Vorteilen einer Arbeitsunfähigkeitsversicherung zu überzeugen versuchte. Gleich darauf kam mir eine Krankenschwester mit einer Bettpfanne entgegen. Ein in eine Decke gehüllter Mann im Rollstuhl sah prüfend zu seinem Tropf hinauf. Und aus einem Aufzug wurden zwei große Karren geschoben, die den Geruch frisch gekochter Polenta verbreiteten.

Nach Hause zurückgekehrt, zog ich mich um, schlüpfte in Bademantel und Pantoffeln. Trug zwei Tassen vom Wohnzimmer in die Küche, spülte sie sorgfältig ab und stellte sie in den Geschirrschrank. Wischte die Arbeitsplatte mit einem Lappen sauber. Tauchte den Putzlumpen in einen Eimer. Legte die Handtücher zusammen. Stapelte altes Papier auf einen Haufen. Sah zum Fenster hinaus. Im Haus gegenüber saß ein Mann vor dem Fernseher, am brennenden Gasherd stand eine Frau. Dann klopfte ich die Kissen glatt, schaltete den DVD-Player an und setzte mich. Mehrere Männer vergewaltigten eine junge Frau. Die Szene endete damit, dass sie ihr den Hals aufschlitzten.

27

Der Bildschirm füllte sich mit Blut. Mir blieb fast das Herz stehen. Ich sprang auf, nahm hastig die DVD aus dem Player, ging in die Küche und schob sie hinter ein paar Dosen Erbsen. Mit zitternden Händen machte ich mir einen starken Lindenblütentee. Mir fiel die Szene aus dem *Paten* wieder ein, wo sie den Pferdekopf zwischen den Satinlaken verstecken. Eine Weile saß ich bloß da und umklammerte die Tasse. Die Wärme an den Händen tat gut. Allmählich beruhigte ich mich ein wenig. Wie immer in schwierigen Situationen fing ich an zu putzen. Ich fegte den Boden. Dann rührte ich meine Spezialmischung aus Fliesenreiniger, Wasser und Desinfektionsmittel an. Ich fuhr mit dem Lappen unter sämtliche Möbel. Das Putzwasser wurde immer dunkler. Nach und nach verbreitete sich der Duft von Sauberkeit. Ich sog ihn genüsslich ein. Irgendwann gingen mir die Putzmittel aus.

Ich begab mich in den nahegelegenen Supermarkt. Er wird von zwei Chinesinnen geführt. Sie sind sehr klein, umso höher wirkt die Decke des Verkaufsraums. Sie gleichen sich aufs Haar, nur ist die eine noch etwas kleiner als die andere und dafür ein bisschen dicker. Als Letztere meinen Einkauf in Plastiktüten packte, fragte ich sie nach ihrer Schwester, die nirgendwo zu sehen war. Sie seien am Abend zuvor überfallen worden, lautete die Antwort, ihre Schwester liege im Hospital Italiano.

„Als Nächste bin dann wahrscheinlich ich an der Reihe", sagte ich mir.

Als ich nach Hause zurückkam, saß Gladys in der Küche und nähte einen Knopf an eine meiner Blusen. Im Aschenbecher lag ihre brennende Zigarette.

„Irgendwas ist mit Ihnen..."

„Nein."

„Sehen Sie sich mal Ihre Augenringe an."

Ich legte die Tüten auf den Tisch. Gladys stand auf, sagte, ich solle mich hinsetzen, holte ein Glas Wasser und stellte es mir auf den Scheitel. Nach einer ziemlich langen Weile nahm sie es wieder weg und hielt es mir vor die Augen. Im Inneren hatten sich Blasen gebildet. Auch wenn mich ihre Hausmittel normalerweise nicht überzeugten, musste ich zugeben, dass sie wenigstens diesmal funktioniert hatten – ich fühlte mich besser. Ich stand auf und ging ins Schlafzimmer, öffnete den Kleiderschrank und schob mehrere Bügel zur Seite, bis ich den grünen Rock fand, den ich in dem Outlet in der Calle Aguirre gekauft hatte. Weil irgendetwas an den Bundfalten nicht stimmte, hatte ich ihn bis jetzt nicht getragen.

Als Mama noch lebte, war sie für alle Änderungen an meinen Kleidungsstücken zuständig. Reißverschlüsse, Säume, Träger. Bis heute sehe ich vor mir, wie sie in der einen Hand die Nadel hielt, während sie mit der anderen das Fadenende an die Zungenspitze führte, um es anzufeuchten. Und wenn ich gelegentlich vor ihr stehen bleiben musste, weil an einer Bluse oder einem Rock, die ich gerade anhatte, rasch etwas in Ordnung zu bringen war, sagte sie jedes Mal, ich solle solange auf einem Stück Faden herumkauen, damit ich mir vor lauter Nachdenken und Grübeln nicht die Zungenspitze abbisse.

Als ich in die Küche zurückkehrte, stellte ich erschrocken fest, dass Gladys inzwischen dabei war, den Geschirrschrank aufzuräumen. Das Fach mit den Konservendosen solle sie nicht anrühren, sagte ich, darum würde ich mich kümmern.

Schon seit einer Weile trug ich mich mit dem Gedanken, mir eine neue Haushaltshilfe zu suchen. Putzen betrachtete Gladys offensichtlich immer weniger als ihre Aufgabe. Wenn sie kam, wischte sie bestenfalls flüchtig über die Dinge hinweg, um sich sodann mit einer Tasse Tee am Tisch niederzulassen und zu rauchen. Anweisungen ließ sie sich erst recht nicht mehr erteilen. Stattdessen spielte sie die Königin von Saba – bald war es soweit und *ich* war die *shikse* und sie die Herrin im Haus. Aber zunächst hieß es abwarten, bis Lea aus dem Krankenhaus entlassen wurde, nur über ihr Netzwerk würde sich ein Ersatz finden lassen. Ich warf Gladys einen Blick zu. Offensichtlich wollte sie mir etwas sagen. Das merkte ich schon daran, wie ihre Augen hervortraten. Als ich ihr den Rock hinhielt, ergriff sie ihn mit spitzen Fingern, breitete ihn auf dem Tisch aus und strich über die Bundfalten. Die eine sei etwas länger als die übrigen, stellte sie fest.

„Kann man das korrigieren?", fragte ich.

Sie sagte, ich solle den Rock anziehen.

Dann kniete sie sich vor mich und nahm den Saum in Augenschein.

„Ich bin überhaupt nicht mehr auf dem Laufenden", sagte sie.

Aus der Nebenwohnung waren Hammerschläge zu hören. Regelmäßig um diese Uhrzeit kam die Frau meines Nachbarn auf die Idee, man könne die Bilder doch auch mal anderswo aufhängen.

„Was das Mädchen angeht, meine ich."

„Achten Sie bitte genau auf die Längen", erwiderte ich.

Gladys griff nach dem Nadelkissen.

„Und?"

„Was Débora angeht", fing ich an zu erzählen, „die hat neulich im Juweliergeschäft ihres Vaters angerufen. Ich bin daraufhin in eine Diskothek gegangen, um sie zu treffen. Irgendwann hab ich sie auf der Tanzfläche entdeckt und zur Theke geschleift. Sie hat gesagt, Willie hat sie und noch ein paar junge Frauen zu einer Party in El Tigre eingeladen. Sie sind mit dem Boot dorthin gefahren. Ungefähr eine halbe Stunde waren sie auf dem Fluss unterwegs. Wo genau das Haus sich befindet, konnte sie nicht sagen. Jedenfalls war es alt und hatte rosarote Wände. Im Erdgeschoss war ein Lagerraum mit übereinandergestapelten Liegestühlen. Die Party war im ersten Stock. Als sie ankamen, waren schon mehrere Männer da. Die jungen Frauen kannten keinen von ihnen. Sie rauchten ein paar Joints. Später entdeckten sie einen Schofar."

Gladys sah auf.

„Was ist das denn?"

Ich erklärte meiner *shikse*, dass das Schofarhorn in der jüdischen Religion eine wichtige Rolle spielt. Es wird mehrfach in der Bibel erwähnt und zu den verschiedensten Anlässen geblasen, um zu Reue und Gebet aufzurufen.

„Es war heiß, hat Débora auch erzählt. Und es gab Musik. Sie und die anderen haben zwischen den Bäumen getanzt", fuhr ich fort. „Irgendwann sind sie wieder ins Haus gegangen, um sich etwas zu trinken zu holen. Da haben sie gesehen, dass zwei von den Männern die Treppe zu einem Zwischengeschoss hinaufgestiegen sind. Sie sind hinter ihnen her. Die Tür stand offen. An den Wänden waren Leinwände aufgespannt. Darauf waren Videofilme zu sehen. Mit Zwergen, Schwangeren, Schwarzen – die Einzelheiten erspare ich mir." Ich machte eine kurze Pause. „Débora hat Fontana an der Glatze erkannt. Er saß mit dem Rücken zu ihr in einem Sessel."

„Und dann?"

„Immerhin waren sie nicht so bekifft", fuhr ich fort, nachdem ich mir ein Stück Faden in den Mund geschoben hatte, „dass sie nicht merkten, dass sie etwas gesehen hatten, was sie nicht hätten sehen sollen. Da haben sie Angst bekommen. Draußen war es inzwischen stockfinster. Débora hat sich irgendwo auf der Insel versteckt, ein anderes Mädchen ist in Richtung Anlegestelle gelaufen. Ob sie aus Versehen ins Wasser gefallen ist oder hineingestoßen wurde, weiß ich nicht."

Ich verstummte. Wie so oft hatte ich den Eindruck, zu viel preisgegeben zu haben. Immer wieder ist meine Zunge einfach schneller als mein Gehirn. Von meinem Verdacht in Bezug auf Osvaldo Caro wie auch von der DVD hatte ich jedoch nichts erzählt. Diesen Trumpf behielt ich vorläufig im Ärmel.

Gladys richtete sich auf.

„Sie heißt Natalia Lobos."

„Wer?"

„Die junge Frau aus dem Paraná", sagte Gladys.

„Und woher wissen Sie das?"

„Ich hab den Autopsiebericht."

28

Wie an jedem Abend spielten die Kinder auf dem Gehweg, bis die Mütter sie hineinriefen, zum Waschen und Essen. In allen Häusern brannte das Licht, im ganzen Viertel. So war das immer schon gewesen. Wir dagegen machten uns an diesem Weihnachtsabend 1968 für den Abschlussball fertig, der im Club Sionista zu Ehren der Schulabgänger veranstaltet wurde.

Meine Kleidung lag schon seit zwei Wochen bereit. Grünes Trägerkleid, hochhackige Sandalen, gehäkeltes Schultertuch. Dazu tonnenweise Abdeckcreme und Kajal. Glänzender Lippenstift. Als ich mich angezogen hatte, stellte ich mich vor den Spiegel in meinem Zimmer. Um mich noch einmal im großen Spiegel betrachten zu können, ging ich hinaus auf den Flur. Von dort erhaschte ich im Vorbeigehen einen Blick auf meine Eltern in ihrem Zimmer. Das Licht eines Weihnachtsbaums vor dem Haus gegenüber fiel in ihr Fenster, ihre Umrisse zeichneten sich dunkel dagegen ab. Die Schranktür stand offen, auf dem Bett lag ein Berg Kleider, die Mama anprobiert hatte.

Als wir im Club ankamen, strahlte bereits alles in Festbeleuchtung. Der Basketballplatz war mit Girlanden geschmückt. Ich entdeckte zwei Mädchen, die ich aus der Schule kannte, und unterhielt mich eine Weile mit ihnen. Unter dem einen Basketballkorb war das kalte Büfett aufgebaut. Frühlingsrollen, Gefilte Fisch, Waldorfsalat, Käsespieße, schwarze Oliven. Soßenschüsseln, die bei jeder Erschütterung überzuschwappen drohten.

Ich stellte mich an den äußersten Rand des Spielfelds, das als Tanzfläche diente. Von hier aus schien alles weit entfernt. Hoch am Himmel, genau über dem anderen Basketballkorb, stand der Mond.

„Hallo."

Hugo zupfte am Träger meines Kleids.

„Vorsicht! Spinnst du?"

Ich drängte ihn in die Mitte der Tanzfläche. Trotzdem freute ich mich, dass er gekommen war. Ich konnte ihm nicht lange böse sein. Wir gingen in die Küche, wo Unmengen von gekochtem Essen bereitstanden. Kellner holten den gefrorenen Nachtisch aus den Kühlschränken und teilten ihn mit Messern, die sie kurz in heißes Wasser tauchten, in Portionen auf. Aufs Geratewohl öffnete ich eine Tür, und vor uns tat sich die Bibliothek auf. Die Regale reichten bis zur Decke. Hierher stammten die Bücher von Anne Frank und Leon Uris, die mein Vater nach Hause mitbrachte. Silvias Vater saß dort an einem Tisch. Er zeigte uns Fotos aus Birkenau.

Zellen, die durch zwei Meter hohe Wände voneinander abgetrennt waren. Licht kam nur durch kleine Öffnungen in der

Decke. Die Barracken sahen aus wie Ställe. In einem und zwei Metern Höhe waren jeweils Pritschen angebracht. So ergaben sich drei Schlafmöglichkeiten: auf dem Boden, im ersten und im zweiten Stock. Licht gab es am ehesten ganz oben.

Am stärksten beeindruckten mich jedoch die Körper. Einer über dem anderen. Arme. Hände. Beine. Berge von Schuhen oder Brillen. Lange betrachtete ich die Bilder, konnte den Blick nicht davon abwenden. Und ich ahnte, dass sie mir, was ich auch täte, immer nachgehen würden. Ich war nicht einfach nur ein Mädchen aus dem Viertel – ich würde für allezeit „die kleine Russin" sein.

Da war von draußen die Stimme des Ansagers zu hören:

„Und nun zur Preisverleihung."

„Komm", sagte ich zu Hugo.

Die Tänzer auf dem Basketballplatz bewegten sich zur Musik von Rita Pavone, auf der einen Seite die Jugendlichen, auf der anderen die Eltern und die Mädchen, die keinen männlichen Begleiter hatten. Es war kurz vor Mitternacht. Der Ansager forderte alle auf, zu ihren Plätzen zurückzukehren. Murmelnd folgten die Leute der Anweisung. Mama aß ihren Nachtisch und sah zu, wie meiner langsam zerfloss.

Als die Glocken zu läuten anfingen und die ersten Raketen in den Nachthimmel stiegen, nannte der Ansager meinen Namen. „Jahrgangsbeste", verkündete er. Unter Beifallsklatschen bewegte ich mich zwischen den Tischen voran. Das Kleid schwang mir um die Hüften. Als ich zurückkehrte, trug ich die Medaille um den Hals. Sie war vergoldet und zeigte den Helden des Warschauer Ghettos. Das mit Samt ausgeschlagene Etui übergab ich meiner Mutter, die es in die Handtasche steckte.

Am Nachbartisch weinte ein Mädchen. „Sie hat sich mit ihrem Freund gestritten", sagte das Mädchen neben ihr. Nachdem Panettone und Cidre serviert worden waren, machten meine Eltern sich auf den Heimweg. Die Tanzfläche füllte sich wieder. Trotz der lauten Musik hörte man das Geräusch der abfahrenden Autos. Um diese Uhrzeit begann auch die große Party im Ruderclub von Paraná.

Inzwischen drehten sich die Unterhaltungen vor allem darum, wer mit wem zurück fahren sollte. Mehrere Männer waren auf ihren Stühlen eingeschlafen. Viele Frauen gingen auf die Toilette, um ihr Makeup aufzufrischen. Als Silvias Vater, der mich nach Hause bringen sollte, das Zeichen zum Aufbruch gab, war das Fest noch nicht zu Ende. Ich sah mich suchend nach Hugo um, konnte ihn aber nirgends entdecken. Etwa fünfzig Meter vom Eingang entfernt wartete das große graue Auto. Der Mann, der sich um die parkenden Autos kümmerte, blies in eine Pfeife, und ich nahm auf der Rückbank Platz. Als der Wagen sich in Bewegung setzte, blickte ich durchs Rückfenster. Immer noch stand der Mond hoch über dem Basketballplatz am Himmel.

29

„Geschlecht: Weiblich. Kleidung: Schwarzes T-Shirt, Hose derselben Farbe, Turnschuhe, alles komplett durchnässt und mit Resten von Erde und Blättern. Der Leichnam präsentiert einen guten Knochen- und Muskelaufbau. Hautfarbe: weiß, Körpergröße: ein Meter sechzig, Gewicht: etwa fünfundfünfzig Kilo, Haarfarbe: schwarz, Augen: braun, Nase und Mund: mittelgroß, Gebiss: vollständig und in gutem Zustand. Das Gesicht zeigt bläulich-violette Verfärbungen, Hände und Füße sind durch den langen Aufenthalt im Wasser stark aufgeweicht." Ich legte den Autopsiebericht auf die Ablagefläche aus Marmor, blickte in den Spiegel des Friseursalons und zupfte meinen Pony zurecht. In dem Bericht hieß es ebenfalls, die Strömung habe den Körper von Natalia Lobos ungefähr vierhundert Meter weit mitgerissen und dann, an der Stelle, wo sie die Richtung ändert, ans Ufer gespült. Ihr Haar habe sich an einem der Pfeiler der Anlegestelle verfangen. Ich sah das Gesicht des Gerichtsmediziners vor mir. Sein Ausdruck war leer, gleichgültig, zu viele Leichen waren ihm in seinem Berufsleben schon unter die Augen gekommen. An Straßenrändern, in Notaufnahmen, an Flussufern. Menschliche Körper, die auch nach dem Tod viel zu erzählen hatten.

Die Wandspiegel des Friseursalons waren grau, der Boden schwarz-weiß gefliest. Und die Friseusen in ihren grauen Uniformen waren damit beschäftigt, Kämme, Scheren und Sprays zurechtzulegen.

„Und, was soll's sein?"

„Färben und Maniküre."

„Möchten Sie zu jemand Bestimmtem?"

„Nein."

Eine andere Angestellte führte mich zur Garderobe und zog mir anschließend einen Kittel über. Ich bestand darauf, den Gürtel selbst zuzubinden, ich hasse es, wenn man mich behandelt, als hätte ich keine Hände. Auf dem Weg zu meinem Sessel trat ich auf aschgraue, rote, schwarze und goldblonde Haarbüschel.

Die Maniküre fragte, ob ich die Nägel rund oder eckig haben wolle. Eckig, erwiderte ich. Sie nahm meine Linke und fing bei dem kleinen Finger an. Die Rechte sollte ich unterdessen in eine Schüssel mit lauwarmem Wasser legen.

„Sie haben trockene Haut", sagte die Maniküre und presste meine Finger. „Sehen Sie, wie Ihre Hand Wasser zieht?"

Anschließend rieb sie meine Hände mit einer weißen Creme ein, die sie mit einem Stäbchen einer kleinen Dose entnahm, und schob an allen Fingern die Nagelhaut zurück. Sie fragte, welches Pflegemittel ich normalerweise verwendete.

„Sie sind zum ersten Mal hier, stimmt's?"
„Ja."
„Wer hat Ihnen unser Geschäft empfohlen?"
„Meine Kusine."

Während sie den Nagellack auftrug, dachte ich über Fontana nach. Alles, was man ihm hätte zur Last legen können, waren eine Anklage wegen Bestechlichkeit, seine Schwäche für Partys und Videos mit Schwangeren. Außerdem gab es einen toten jungen Mann, eine ertrunkene junge Frau und noch eine junge Frau, die von zu Hause ausgerissen war. Kurz: Nichts, was irgendwohin geführt hätte. Trotzdem malte ich mir aus, wie ich ihn zur Rede stellte. Doch selbst wenn ich ihn scheinbar ausweglos in die Ecke gedrängt hätte, würde er mir seelenruhig ins Gesicht sagen: „Ruti, Sie werden bestimmt kein Wort verraten, niemandem. Es sei denn, Sie wollen sich unbedingt in einen Haufen totes Fleisch verwandeln." Als die Maniküre mit dem letzten Finger fertig war, trug sie überall noch eine Schicht Fixierlack auf und gab mir abschließend den Rat, zwanzig Minuten lang möglichst nichts anzufassen. Mit den Fingerspitzen griff ich nach dem Autopsiebericht. „Die Leichenstarre ist weit fortgeschritten. Äußerlich sind noch keine Anzeichen von Verwesung festzustellen. An Nase und Mund Reste einer schäumenden Flüssigkeit. Stark geweitete Pupillen. Die bläulich-violetten Tönungen an Hals und Gesicht heben sich deutlich von der Hautfarbe des restlichen Körpers ab."

„Wie möchten Sie die Färbung, Ton in Ton?"

Zum Färben musste ich mich in den hinteren Teil des Salons begeben. Möglichst natürlich solle es wirken, bat ich die

Friseuse. Sie griff sich eine Strähne meines Haars, betrachtete sie prüfend und sagte, sie werde zwei Töne ihrer Palette kombinieren, die sich gegenseitig nicht erdrückten. Ich setzte mich ans Waschbecken und ließ den Kopf nach hinten sinken. Mir lauwarmes Wasser übers Haar laufen zu lassen, während sanft meine Kopfhaut massiert wird, hat mir immer schon gefallen. Dazu der Geruch von Shampoo und Spülung. Doch in diesem Augenblick wollte ich bloß so schnell wie möglich zurück in die Wohnung, zu meinen Akten und Unterlagen. Die Friseuse nahm einen Pinsel und begann an den Haarwurzeln mit der Arbeit.

Zwei junge Frauen kamen herein. Sie spazierten eine Weile umher, erkundigten sich nach den Preisen, lachten und inspizierten die Farbpalette. Sie mussten ungefähr in Déboras Alter sein. „Nach Öffnen der Luftröhre zeigt sich an der Zungenwurzel eine Ansammlung von rötlichem Schaum. Die inneren Organe weisen keine Besonderheiten auf, nur eine leichte Vergrößerung der Lunge ist festzustellen. Nach dem Aufschneiden von Letzterer tritt wiederum rötlicher Schaum aus. Im Fall der Leber dagegen fließt normal rotes Blut hervor."

„Ist das nicht ein bisschen sehr rot?", fragte ich.

„Keine Sorge", sagte die Friseuse. „Möchten Sie etwas lesen?"

Ich deutete auf den Autopsiebericht.

Unbeeindruckt reichte sie mir eine Illustrierte. Ich schlug sie auf. Gerade erst aus Europa zurückgekehrt, hatte das aktuelle Topmodel sich bereits auf ein neues Projekt gestürzt. Kaum waren die Koffer ausgepackt, stand sie schon wieder auf dem Laufsteg für die nächste Runde von *Tendencias Urbanas*. Zu Gast bei der Show waren auch ihr Mann und die drei gemeinsamen Kinder. Ich klappte die Zeitung zu und schloss die Augen.

Da hörte ich das Geräusch von Trommeln. Die Friseuse drückte mir ein Foto in die Hand.

„Die Kinder von meinem Lebensgefährten", sagte sie, „aus seiner ersten Ehe. Sind die nicht süß?"

Ich gab ihr das Bild zurück. Auf einmal sah ich vor mir, wie Feuer in dem Friseursalon ausbrach. Als Nächstes sah ich mich hinausrennen, die Haare voller Färbemittel. Ich fragte, wie lange es noch dauern werde. Nach einer Weile sagte die Friseuse, jetzt sei es soweit. Sie drehte den Wasserhahn auf und spülte das Becken aus, in dem noch Schaumreste von meiner Vorgängerin waren. Immer lauter dröhnten die Trommeln, während ich die Schlussfolgerungen las, zu denen der Autopsiebericht gelangte: „Die Verstorbene ist demnach ertrunken, Todeseintritt infolge von Herz- und Atemstillstand."

Gladys hatte behauptet, es könne durchaus sein, dass Natalia Lobos sich vor ihrem Sturz ins Wasser gewehrt hatte. In dem Bericht war davon keine Rede. Ich spreizte die Finger und warf dann einen Blick in den Spiegel: In beiden Fällen gab es nichts zu beanstanden.

Durchs Fenster sah ich auf der Straße drei Motorräder vorbeifahren. Sie hupten immer wieder. Leute traten auf die Balkons. Dann erschien die Spitze eines Festumzugs. Dazu gehörten mit Luftballons geschmückte Kutschen, auf denen unter anderem eine Nixe in einem Brautkleid und ein Teufel mit Dreizack zu sehen waren. Fahnen. Masken. Und Lola: Sie war nicht zu übersehen, mit einem glitzernden Oberteil marschierte sie ganz vorne und hielt ein Plakat in die Höhe.

Zu Hause fand ich eine Nachricht von Gladys auf dem Küchentisch vor:

„Sie haben ihr die Fingernägel geklaut."

30

„Auf dein Wohl!", sagte ich.
„Auf deins!", sagte Lea.
Sie trommelte mit den Fingern an ihrem Glas.
Das Restaurant war vollständig mit Parkett ausgelegt. Im Eingangsbereich waren Strahler im Boden versenkt. An den Wänden abstrakte Bilder. Durch eine große Glasscheibe blickte man in einen überdachten Hof mit Kunstrasen. Eine Gruppe Frauen nahm auf niedrigen Sesseln sitzend das Essen ein. An der Theke warteten mehrere Männer. Wir hatten nicht reserviert, doch genau als wir ankamen, wurde ein Tisch am Fenster frei.
„Da haben wir wirklich Glück gehabt", sagte Lea.
„Ja."
Ich erhob mein Glas.
In dem von Lea war Orangensaft.
Es war eins dieser Restaurants, in denen die Maxime gilt: Je kleiner die Portion, desto höher der Preis. Meine Kusine hatte

es vorgeschlagen, um hier ihre Entlassung aus dem Krankenhaus zu feiern. Jetzt nahm sie ihre neue Kamera aus der Handtasche. Eine Weile betrachtete sie ratlos die verschiedenen Knöpfe, dann rief sie den Kellner zu Hilfe. Er blickte durchs Objektiv und sagte, wir sollten uns näher zusammensetzen. Lea rückte mit dem Stuhl an mich heran. Legte den Kopf zur Seite. Lächelte.

„Und nochmal auf dich!"

„Auf uns!"

Wir stießen an.

„Wer hat dir die Hände gemacht?"

„Deine Maniküre."

„Phantastisch!"

Der Kellner fragte, was wir essen wollten.

„Gegrillte Gemüseplatte", sagte Lea.

Ich bestellte Ravioli mit Tomatensugo.

Lea behielt den Saft eine Weile im Mund, bevor sie ihn hinunterschluckte.

„Ein bisschen zu süß", lautete ihr Urteil.

Ich trank einen Schluck Wein.

„Du hast es gut", sagte Lea, „ich darf keinen Alkohol mehr trinken, haben die Ärzte gesagt."

Als der Kellner das Essen aufgetragen hatte, versuchte ich das Gespräch auf Chiquito Gold zu bringen. Ich wollte mehr über ihn wissen. Was Lea über die Zeltlager in Zumerland, seine Ehen und Chiquitos Umgang mit den *tefillin* erzählt hatte, reichte mir nicht. Ich hatte das Gefühl, die dunkleren Seiten seiner Biographie seien mir bislang verborgen. War es ein Fehler gewesen, Leas Einladung anzunehmen? Ich hatte gehofft, nach dem zweiten Glas Wein werde sich ihr die Zunge lösen. Ich wollte endlich herausfinden, weshalb Chiquito Gold ausgerechnet mich damit beauftragt hatte, nach seiner Tochter zu suchen. Aber in jedem Fall musste ich im Umgang mit Lea vorsichtig sein: Alles, was man in ihrer Gegenwart sagte, wusste schon am nächsten Tag halb Buenos Aires.

Ich versuchte es über einen Umweg.

„Höchste Zeit, den Auftrag für Rositas Grabstein auf den Weg zu bringen", sagte ich. „Kennt Mauri nicht irgendeinen guten Steinmetz?"

„Red bloß nicht von Mauri", sagte Lea, die gerade ein Stück Kürbis aufspießte.

Ich streute Käse über die Ravioli.

„Als Mama starb", sagte Lea, „hat Mauri gesagt, er würde das mit dem Grabstein übernehmen. Damals arbeitete er schon im *Tatekosher*. Ein Jahr später – er machte gerade Urlaub auf den Bahamas – kam die erste Mahnung von der Friedhofsverwaltung. Ich und sein Vater wollten die Sache erledigen, aber als Mauri wiederkam, versprach er, sich darum zu kümmern."

„Und?"

„Einen Monat später traf die nächste Mahnung ein. Wieder hat er gesagt, er kümmert sich darum. Lass gut sein, ich mache das, habe ich erwidert. Schließlich kenne ich ihn, er ist unfähig, irgendetwas zu Ende zu bringen. Aber er hat gesagt, noch heute gehe ich hin und suche den Stein aus."

Lea spießte das nächste Stück Kürbis auf.

„Eine Woche danach kam wieder eine Mahnung", fuhr sie fort. „Ich war noch im Krankenhaus. In dem Brief stand, wenn in drei Monaten kein Stein auf dem Grab liegt, werden die Überreste umgebettet, in einen Sonderbereich, für Tote, um die sich keiner kümmert ... Ich habe Mauri gedroht. Ich habe gesagt, ich ziehe mir sämtliche Schläuche raus und gehe selbst zu dem Steinmetz. Als ich schließlich wieder nach Hause durfte, war ein Anruf von der Friedhofsverwaltung auf dem Anrufbeantworter. *Oj wej!*, habe ich zu Mauri gesagt. Du hast versprochen, du erledigst das. Du hast sogar gesagt, du übernimmst die ganzen Kosten. Warum hast du die Sache nicht mir überlassen? Was bist du nur für ein Enkel? Soll deine *bobe* auf dem Armenfriedhof verscharrt werden?"

„Jetzt übertreib mal nicht", sagte ich, „das kommt schon alles in Ordnung."

„Das sagst du bloß, um mich zu trösten."

„Er ist kein schlechter Junge", sagte ich. „Übrigens, weißt du was Neues von Chiquito Gold?"

Lea wich meinem Blick aus.

„Den hab ich schon ewig nicht mehr gesehen." Sie schaute zum Fenster hinaus. Offensichtlich würde ich nichts aus ihr herausbekommen. „Und du, bist du in Sachen polnische Staatsbürgerschaft weitergekommen?", wechselte Lea das Thema.

„Ja", sagte ich. „Man braucht Urkunden, in denen steht, wann die Großeltern aus Polen ausgereist und wann sie hier in Argentinien eingereist sind." So einfach gab ich mich trotzdem nicht geschlagen: „Siehst du Chiquitos Angestellten denn manchmal?"

Lea sah mich an, als hielte ich ihr ein Messer an die Brust.

„Du kannst dir nicht vorstellen, wie verfressen der Typ ist", sagte sie. „Gegen eins kommt er immer zu uns ins Geschäft."

„Jeden Tag?"

„Jeden Tag!"

Ich reichte ihr mein Weinglas.

Lea setzte es an den Mund, kippte es an, bis der Wein ihre Lippen berührte, hielt diese aber fest geschlossen. Nur um irgendwann doch den Mund zu öffnen und einen ausgiebigen Schluck zu nehmen.

„Vielleicht überlege ich es mir anders. Ich hätte jedenfalls Lust, Polen kennenzulernen", sagte sie. „Ich möchte unbedingt die Lager sehen."

„Aber Mauri...", sagte ich

„Er hat eine zweite Chance verdient, findest du nicht?"

Sie verstummte und sah mich nachdenklich an.

„Wenn er wenigstens nach Tante Malke käme", fuhr sie schließlich fort. „Die verstand was vom Geschäftemachen."

„Trotzdem war sie arm wie eine Kirchenmaus, als sie starb."

Lea riss die Augen auf und bewegte den Kopf und den ausgestreckten rechten Zeigefinger hin und her.

„Hast du eine Ahnung. Sie hat irgendwann einen Capo von der Zwi Migdal geheiratet", sagte sie. „Malke war Millionärin."

31

Osvaldo Caro saß an der Theke des *Tatekosher* und aß. Er trug ein dunkles Sakko. An den Füßen hatte er weiße Strümpfe und klobige Schuhe. Neben ihm saß ein Mann mit *jarmulke*. Ich stellte mich vor die Auslage und tat, als inspizierte ich die Tabletts voller *knishes*. Zum Glück war Lea gerade nicht da. Draußen auf der Straße herrschte reges Treiben. Rote und gelbe Kleider, blaue Jeans, Jacken und Hemden. Als Osvaldo mit dem Essen fertig war, rieb er sich die Hände und ging hinaus. Weil gerade irgendwelche Reparaturarbeiten durchgeführt wurden, war der Bürgersteig an der Calle Tucumán bestenfalls halb so breit wie sonst. Osvaldo musste sich dicht an den Hauswänden entlang drücken. Ich folgte ihm auf den Fersen, um ihn nicht aus den Augen zu verlieren. Irgendwann bog er in die Calle Azcuénaga und blieb vor einem koreanischen Restaurant stehen. Rüben mit Paprikapulver. Schweinefleisch. Bratfisch. Er blickte zurück, in meine Richtung.

Dann ging er weiter bis zur Avenida Corrientes. Dort stieg er die Treppe zur U-Bahn hinunter. Er kaufte eine Fahrkarte und an dem Kiosk daneben eine Waffel und einen Schokoriegel. Die Waffel aß er gleich auf dem Bahnsteig. Hunger ist das nicht, sagte ich mir. Und dass ich zum Glück noch eine Fahrkarte in meinem Portemonnaie gehabt hatte. Kurz darauf im Waggon riss er das Aluminiumpapier auf und schob sich den Schokoriegel zwischen die Zähne. Das Papier steckte er anschließend in die Hosentasche. Als wir an der Calle Florida wieder an die Oberfläche kamen, blendete mich das Sonnenlicht. Touristen. Straßenverkäufer. Lebende Statuen. Einen Augenblick sah ich einer Gruppe von Tänzern zu, die ihre Musikanlage testeten. Gegenüber hatte sich um einen Maler ohne Hände eine Menschenansammlung gebildet. Ich bekam gerade noch mit, wie das dunkle Sakko an der Calle Lavalle um die Ecke bog.

Osvaldo betrat ein Kino. Kurz nach ihm ging auch ich hinein. Der Eingangsbereich war mit weichem Teppichboden ausgelegt, fast wie früher im Kino *Mayo*, wo ich als Kind manchmal in die Frühvorstellung gehen durfte. Die Karte kostete sieben Pesos, für die Dauervorstellung, die seit zwei Uhr mittags lief. Ich ließ mich auf einem Sessel nieder. Auf der Leinwand war eine Frau zu sehen, die sich hin und her wandte, während ihr ein Mann einen Flaschenhals in den After schob. Ich sah mich nach Osvaldo um. Im Halbdunkel waren kaum mehr als zehn Personen auszumachen. Lauter Männer, jeder für sich allein an seinem Platz. Seufzer. Stöhnen. Halb erstickte Ausrufe. Ich stand auf und steuerte eine in unregelmäßigen Abständen aufblinkende rote Neonanzeige mit der Aufschrift „Ausgang" an.

Wenig später ging ich in einem dem Kino gegenüberliegenden China-Restaurant in Wartestellung.

Als Osvaldo im Ausgang erschien, machte er sich wieder auf den Weg in Richtung Calle Florida. Fast hätte ich ihn im Gedränge aus den Augen verloren. Einem Straßenprediger mit einem geblümten Taschentuch auf dem Kopf war es gelungen, die Aufmerksamkeit einer größeren Menschenmenge auf sich zu ziehen, darunter ein Mädchen in einem roten Kleid mit einer breiten Laufmasche. Von irgendwoher war die Melodie des Tangos *La cumparsita* zu hören. Jetzt beschleunigte Osvaldo den Schritt. Calle Sarmiento. Calle Perón. Ehe ich mich versah, waren wir an der Plaza de Mayo. Osvaldo setzte sich auf eine Bank gegenüber der Kathedrale, ich auf eine in der Nähe. Eine Taube pickte an meinem Schuh herum. Mehrfach hatte ich den Eindruck, Osvaldo wolle mich ansprechen, aber zuletzt schloss er bloß die Augen und zuckte die Schultern. Lass dir Zeit, sagte ich mir. Wenn du aus irgendeinem Grund nicht nach Haus willst – ich habe es auch nicht eilig.

Schließlich stand er auf und zupfte sich die Hosenbeine zurecht. Dann spazierte er die Avenida de Mayo hinunter. Soll das ewig so weitergehen?, fragte ich mich bekümmert und setzte die Verfolgung fort. In der Nähe des Café Tortoni blieb er an einem Kiosk stehen, schob die Hand in die Hosentasche, holte sein Portemonnaie heraus und zählte das verbliebene Geld. Dann kaufte er Bonbons. Mit der Packung in der Hand betrat er ein nahegelegenes Hotel. Der Mann an der Rezeption legte ein Formular vor ihm auf den Tresen. Unverzüglich machte er sich daran, es auszufüllen. Vom Eingang aus sah ich den beiden zu. Schließlich händigte Osvaldo dem Mann einen Geldbetrag aus. Als er aus dem *Tatekosher* getreten war, war seine Kleidung noch makellos gewesen, das Sakko wie frisch gebügelt. Jetzt aber sah er aus wie ein herumstreunender Tagedieb, der reinste *schmatte*. Wieder zählte er sein Geld. Ob Débora sich in dem Hotel befand? Ob sie ihn erwartete?

Ich ging in die Hotelbar und bestellte einen Tee. Als die Tasse vor mir stand, kam eine Frau an meinen Tisch. Sie öffnete die Tasche, die sie dabei hatte, und holte Gymnastikkleidung heraus. Bunte Leggins. Muskelshirts. Bermuda-Shorts. Sie breitete die Sachen vor mir aus, und ich deutete auf ein pinkfarbenes T-Shirt. Ein Mann in einem karierten Hemd, der an der Theke saß, beobachtete mich unablässig. Irgendwann lächelte ich, zupfte mein Haar zurecht und machte eine einladende Handbewegung. Ich wollte mich schon kopfüber ins Abenteuer stürzen, als ich Osvaldo erblickte, der an der Rezeption vorbei dem Ausgang entgegenstrebte.

Seine Schuhe waren inzwischen ziemlich eingestaubt. Das Hemd hing ihm aus der Hose, die Augen traten hervor. Wie lange ist ein Mann in der Lage, sich in dieser Art und Weise auf den Straßen herumzutreiben?, fragte ich mich. Mehr als die Sorge um Débora beschäftigte mich mittlerweile das seltsame Wesen Osvaldos. Das Sakko trug er jetzt über dem Arm. Über sein Gesicht glitten die wechselnden Farben der Leuchtreklamen, während er unaufhörlich einen Fuß vor den anderen setzte. Ein flüchtiges Lächeln, Plakate, Passanten, Lichter. Irgendwann erreichten wir die Avenida 9 de Julio. Ziellos wanderte er weiter, vorbei an den Mülltüten und Altpapierpacken, die sich vor den Ausgängen der Gebäude stapelten. An einer Ampel blieb er stehen. Ein Bus fuhr vorbei. Solange er sich nicht vor ein Auto wirft, sagte ich mir. Ich würde jedenfalls nicht als Zeugin aussagen. Er wandte sich um. Der Blick, den er mir zuwarf, enthielt einen stummen Vorwurf. Hatte ich ihn etwa nicht die ganze Zeit gnadenlos vor mir hergetrieben? Ich spürte, wie müde ich war. Mein ganzer Körper klebte und die Beine taten mir weh.

Osvaldo folgte der Avenida Rivadavia bis zum Kongressgebäude. Autolärm. Ab und zu eine Sirene. An einer Ecke des Platzes eine Schlange von Frauen vor einer öffentlichen Suppenküche. Osvaldo blieb stehen, blickte sehnsüchtig zu der Stelle, wo das Essen ausgegeben wurde. Dann überquerte er die Straße und drückte sich am Schaufenster einer Konditorei die Nase platt. Verzückt betrachtete er die auf goldfarbenen Tabletts angerichteten Törtchen in Pralinenpapier. Da begriff ich endlich meinen Irrtum. Besser spät als nie, wie man so sagt. Osvaldo würde mich nirgendwo hinführen, weder zu Débora noch zu sonst jemandem. Was er brauchte, abgesehen vom regelmäßigen Besuch eines Fitnessstudios, war ein guter Ernährungsberater.

Als ich nach Haus kam, stellte ich fest, dass nichts zu essen da war. Der Supermarkt der beiden Chinesinnen war noch geöffnet. Aber für heute hatte ich genug, vielen Dank. Ich streifte die Schuhe ab und machte mir einen Tee. Dann breitete ich die Zeitung vor mir auf dem Tisch aus und versenkte mich in die Kontaktanzeigen. In einer Anzeige wurden Frauen gesucht, die in einem Gebiet, wo Erdöl gefördert wurde, als Animierdamen arbeiten wollten. Die Telefonnummer kam mir bekannt vor. Ich zog den Zettel hervor, den mir die Portiersfrau aus dem Haus in der Calle Vera gegeben hatte. Es war die Nummer der *kurva* aus dem Fitnessstudio.

32

Gerichtsgebäude in der Calle San Isidro. Das Geräusch meiner Schritte hallte durch den gefliesten Gang mit den hohen Fenstern. Männer in dunklen Anzügen mit teuren Armbanduhren. Nach teurem Parfum duftende Frauen mit teuren hochhackigen Schuhen. Vor der Nummernvergabe musste ich zu meiner Zufriedenheit warten, schließlich bewies das, dass vor dem Gesetz alle gleich sind. Als ich an der Reihe war, begab ich mich zu dem mir genannten Geschäftszimmer und setzte mich davor auf eine Bank. Ich war entschlossen, Fontanas Ankunft abzuwarten. Eine Stunde verging. Noch eine. Noch mehr Männer in teuren Anzügen. Noch mehr nach Parfum duftende Frauen mit teuren Schuhen. Wie elegant es doch zuging bei den Justizbehörden. Elegant und teuer. Um elf erschien eine Familie. Die Leute ließen sich neben mir auf der Bank nieder. Der Mann war offenbar taub. Die Frau trug hautenge Leggins. Ein Mädchen mit fettigen Haaren klammerte sich an ihre Schulter. Was machten solche Leute auf einem Gericht?

„Warten Sie schon lange?", fragte die Frau. Ihre Augen waren geschwollen.

Ihre Tochter zog an ihrer Zigarette und klammerte sich noch fester an die Mama. Während sie den Rauch ausstieß, konnte sie kaum die Augen aufhalten. Die Frau ließ das Kinn auf die Brust sinken, als wäre meine mögliche Antwort völlig belanglos. Erneut sah ich das Mädchen an. Sie hatte ein Piercing am Bauchnabel. Und dann wieder ihre Mutter mit dem gesenkten Kopf. Wenn sie sprachen, machten die beiden übertrieben deutliche Lippenbewegungen und fuchtelten dazu mit den Händen, damit der Mann sie verstehen konnte. Am liebsten hätte ich sie alle zusammen umarmt. Als gehörte ich zu ihrer Familie.

Zwei Tage davor hatte ich vor einem Ermittlungsrichter ausgesagt. Kaum stand ich in seinem Zimmer, wurde mir bewusst, wie beunruhigt man wegen der verschwundenen Fingernägel von Natalia Lobos war. Ständig gingen Türen auf und zu. Telefone klingelten. Besorgte Mienen. Ein Gerichtssekretär trug mir vor, welche Strafen auf Falschaussage stehen. Dann erfragte er meinen Namen, Beruf, Adresse, Familienstand und ob ich mit der verstorbenen Natalia Lobos verwandt sei. Ich gelobte, alle Fragen wahrheitsgemäß zu beantworten. Anschließend berichtete ich von allem, was ich an dem betreffenden Tag bis zu dem Augenblick erlebt hatte, in dem ich die Leiche der jungen Frau am Fuß der Anlegestelle entdeckte. Mein Gegenüber fragte, ob ich womöglich eine Erklärung für das Geschehene hätte. Ich sagte, Nachbarn hätten gesagt, in der Nacht davor sei aus dem Haus Musik zu hören gewesen. Eine Party vielleicht, festlegen wolle ich mich da jedoch nicht. Dann fragte der Mann, ob ich noch etwas hinzuzufügen hätte. Es gebe noch eine Zeugin, sagte ich. Sie heiße Débora Gold.

    Plötzlich stand die Familie neben mir auf. Eine Stimme, woher auch immer sie kam, hatte ihren Namen gerufen. Da sah ich ihn. Vom gelben Licht beschienen, das durch eins der Fenster fiel, stand Fontana im Gang und blickte mich an. Mit seinen runden Augen ohne Wimpern und Brauen. Seit ich ihn im Fitnessstudio gesehen hatte, war er um mindestens zehn Jahre gealtert. Die Schultern hingen schlaff herab. Über dem Bauch spannte das Hemd. Am Kopf waren Kratzer, als hätte er sich selbst den Schädel rasiert. Ich hätte nicht sagen können, ob ich immer noch auf der Bank saß oder in der Luft schwebte. Ich stand auf und ging hinter ihm her. Am Ende des Flurs bogen wir nach links ab, dann noch ein Flur, und danach noch einer. Während wir immer tiefer ins Herz des Gerichtsgebäudes vordrangen, folgte ich Fontanas Rücken wie das Volk Israel, das hinter Moses her das Rote Meer durchquerte.

    Es war ein Uhr, Mittagessenszeit. Das Gebäude war nahezu leer. Wir durchquerten das Vorzimmer. Ein großer Raum mit Parkettboden, von dessen Wänden die Farbe blätterte. Computer, Aktenstapel, alphabetisch angeordnete Ablagefächer. Noch mehr Akten. Auf den Schreibtischen, in den Regalen. Kaum anders als im Archiv, sagte ich mir. In einem Fach lagen ein Sandwich und eine Flasche Mineralwasser. Wir betraten Fontanas Büro. Es war mit einem blauen Teppich ausgelegt, auf dem ein Schreibtisch aus Mahagoniholz stand, mit gedrechselten Beinen. An den Wänden ringsum Regale voller juristischer Fachliteratur.

Was wollte ich hier? Plötzlich war von irgendwoher Gesang zu hören, der langsam anschwoll, mehrere Stimmen, die immer lauter wurden. Fontana setzte sich in einen Ohrensessel. Mit seinen runden Augen ohne Wimpern und Brauen. Er griff nach einem Notizbuch und spielte damit herum, schob einen Finger unter den Verschlussriemen und drückte nach oben, als wollte er herausfinden, wie viel der Riemen aushielt. Mehrere Sekunden verstrichen. Fontana deutete auf einen Sessel. Jenseits des Fensters, an dem Gebäude gegenüber, blinkte eine Leuchtreklame. Coca, verkündete die eine Hälfte. Cola, gleich darauf die zweite.

„Was möchten Sie wissen?", fragte Fontana.

„Was in der Nacht passiert ist."

An seinem Ohr war eine Blutkruste.

„Ich weiß nicht, wovon Sie sprechen."

„Doch."

„Nein."

Er strich sich mit der Hand über den Schädel.

„Sind Sie *jidd*?"

Ich nickte.

„Meine Mutter auch", sagte er. „Mit Nachnamen hieß sie Richter."

Auf einmal schien er ein Thema gefunden zu haben, das uns verband. Seine Mutter habe einen *goi* geheiratet. Eigentlich hätten seine Eltern ausgemacht, dass er nicht religiös erzogen werden solle, doch seit seinem sechsten Lebensjahr habe die Mutter ihn regelmäßig heimlich in die *shul* gebracht, wo er sich furchtbar gelangweilt habe, außer wenn zum Beispiel feierlich der heilige Schrein geöffnet und die Torarolle hervorgeholt worden sei. Dann redete er über das Pessachfest, sehr gemocht habe er das *charosset* aus Mandeln und Ingwer.

Er verstummte. Ich fragte, woher die Familie seiner Mutter stammte.

„Aus Lublin." Er zog die Brauen hoch. „Mama hat mir vom Warschauer Ghetto erzählt. Über den Widerstandshelden Mordechaj Anielewicz wusste ich alles." Seine Stimme klang melodiös wie die eines *chasn*. „Bei Kriegsbeginn wurde er von den Russen verhaftet. Als man ihn wieder freiließ, kehrte er nach Polen zurück und kämpfte weiter."

Das Spiel ermüdete mich.

„Was ist in der Nacht passiert?", fiel ich ihm ins Wort.

Er sah mich an.

„Auf der Insel", sagte ich.

Sein Lächeln erstarrte.

„Emes iz nor bay Got."

„Die Wahrheit ist nur bei Gott", übersetzte ich, richtete mich auf und fügte hinzu: „Und bei den Menschen auch."

Fontana sah mich belustigt an.

„Na so was", sagte er.

„Was denn?"

„Eine Frau, die den Talmud kennt."

Sein Blick verschleierte sich. Er wandte den Kopf zum Fenster.

„Was ist in der Nacht passiert?", sagte ich noch einmal.

„Vielleicht haben Sie ja irgendwelche Beweise ..."

„Besonders viel ist es nicht", sagte ich. „Jemand hat auf eine junge Frau eingeschlagen und sie dann ins Wasser geworfen und von der Strömung forttragen lassen. Am Körper dieses Menschen müssen Spuren davon zu sehen sein, dass die junge Frau sich gewehrt hat. Und unter den Fingernägeln der Toten muss so viel von seinem Blut und seiner Haut gewesen sein, dass er – mächtig genug dafür ist er – jemanden losgeschickt hat, um diese Nägel rauszureißen und mitzunehmen."

Fontanas Mund verzog sich zu einem breiten Lächeln.

„Haben Sie mir sonst noch was zu sagen?"

„Die junge Frau hatte ihn in dem Haus am Río Espera gesehen. Deswegen war er so aufgeregt. Was genau danach geschehen ist, weiß ich nicht. Ich glaube aber, es ist nicht besonders schwer herauszufinden."

Fontana nickte stumm. Dann zündete er sich eine Zigarette an. Die Packung legte er vor mir auf den Schreibtisch. Draußen ballten sich Regenwolken zusammen. Nach und nach wurde es dunkel, ein bisschen wie im Theater. Unsere Gesichter waren irgendwann nicht mehr zu sehen. Da stand Fontana auf, schaltete das Licht ein, warf einen Blick ins Vorzimmer und durch dessen offenstehende Tür hinaus in den Flur, zum Aufzug – immer noch war wegen der Mittagspause nirgendwo ein Mensch.

Er trat ans Fenster. Drückte seine Zigarette in einem Aschenbecher aus.

Irgendwo klingelte es. Und gleich darauf stand, woher auch immer sie aufgetaucht war, Fontanas Sekretärin im Raum.

„Könnten Sie bitte einmal kommen?"

Ich sah zu, wie Fontana durch die Tür ging und verschwand. Dann betrachtete ich seinen Schreibtisch. Aktenordner, Kugelschreiber, sorgfältig gespitzte Bleistifte. Ein Prospekt mit dem Foto eines weißen Motorboots mit blauem Dach, irgendwo im Paraná-Delta. Genau solche Jachten hatte ich bei meinem Ausflug gesehen, an Deck sonnten sich halbnackte Frauen, während die Männer mit Whiskygläsern in Liegestühlen fläzten. „Und was an diesem Boot besonders auffällt", hieß es im Begleittext: „Hier gibt es richtig Platz! Und das nicht bloß im geräumigen Cockpit nach europäischem Standard. Auch die Kajüte bietet in jeder Hinsicht uneingeschränkte Bewegungsfreiheit." Ich legte den Prospekt zurück auf den Tisch und wandte mich zur Tür um. Fontana und noch ein Mann standen im Vorzimmer und unterhielten sich mit gesenkten Köpfen. Bei dem anderen war ich vor zwei Tagen gewesen, es war der Ermittlungsrichter.

Als Fontana in sein Büro zurückkehrte, zeigte er die gleiche perfekte Maske wie zuvor. Lächelnd präsentierte er eine Reihe makellos weißer Zähne. Die Glatze schimmerte im Schein der Lampe. Und erneut dieser selbstgefällige, belustigte Blick. Auf einmal war die Luft heiß und stickig. Eine unabwendbare Katastrophe schien im Anzug. Fontana trat mit ausgestreckter Hand auf mich zu.

Ich betrachtete ihn und hatte den Eindruck, er stünde auf dem Grund einer tiefen Grube, über deren Rand ich mich beugte. Beim Rausgehen war ich mir sicher, dass ich ihn nie wiedersehen würde. Als ich wartend vor dem Aufzug stand, bog auf einmal Chiquito Gold ganz hinten, am anderen Ende des Flurs, um die Ecke.

33

Rasch öffnete ich die nächste Tür und versteckte mich in dem Raum dahinter. Dort war es ein bisschen wie in einer Theaterkulisse. Leitern, Bilderrahmen, Farbeimer. Ich hörte das Geräusch von Schritten, die näher kamen, aber so, als eilte es den Füßen, die es hervorriefen, weit voraus. In dem Zimmer war es kalt und zugig, wie auf einer Baustelle. Eine Mischung aus Adrenalin und Angst ließ mich fast ohnmächtig werden. Ich spähte durch den Spalt der angelehnten Tür. Nach einer Weile traten Chiquito Gold und Fontana aus dessen Büro und machten sich gemeinsam auf den Weg zum Gerichtsparkplatz. Als sie einen dort stehenden Ford Ranger bestiegen, dauerte es eine ziemliche Weile, bis Chiquito es schaffte, auch den zweiten Fuß ins Wageninnere zu hieven. Hinter einem Baum verborgen beobachtete ich den Vorgang. Offensichtlich war er betrunken. Davon abgesehen machte er jedoch ganz den Eindruck von jemandem, der mit seinem Rechtsbeistand zu einer Erledigung aufbricht. Ich folgte ihnen in einem Taxi, das gerade zur rechten Zeit vorbeikam. Der Ford Ranger fuhr eine Seitenstraße entlang, dann durch einen Tunnel. Anschließend bog er in die Avenida Libertador ein und folgte dort den Hinweisschildern nach El Tigre. Chiquito lehnte sich an die Beifahrertür. Sein Kopf schaukelte auf der Nackenstütze hin und her. Wie die Speichen an einem sich drehenden Rad verschwanden die Platanen am Straßenrand beim Vorbeifahren aus meinem Gesichtsfeld. Dazu das Geräusch der Reifen des Taxis auf dem Asphalt und der Lärm und das Hupen der anderen Autos. Auf einmal spürte ich, wie hungrig, müde und erschöpft ich war.

Wie ich es ihm beim Einsteigen gesagt hatte, hielt der Taxifahrer sich dicht hinter dem Ford Ranger. Wir kamen an einer Tankstelle vorbei. Danach eine Schule mit mehreren Hockeyplätzen. Dann waren weiße Motorboote zu sehen, die in der Sonne glitzerten. Schlauchboote. Wohnwagen. Ich starrte hartnäckig durch die Windschutzscheibe. An einer Ampel drehte Chiquito Gold sich um und sah mir mitten ins Gesicht. Ich hielt seinem Blick stand. Ob er mich erkannte, oder was er sonst in diesem Moment dachte, hätte ich nicht sagen können. Obwohl er die Lippen aufeinanderpresste und ich ihn natürlich nicht hören konnte, kam es mir vor, als gäbe er zischelnde Laute von sich.

Der Verkehr wurde immer dichter. Kurzzeitig verloren wir den Ford Ranger aus dem Blick. Ich beugte mich vor – den Sicherheitsgurt hatte ich nicht angelegt – und presste die Nase an die Windschutzscheibe. Jetzt fuhren wir an einem Bootsverleih vorbei. Auf dem Fluss Motorjachten. Am Ufer weiße

Liegestühle mit Eis essenden Frauen unter roten Sonnenschirmen. Kinder liefen dazwischen umher. Irgendwann verengte sich die Straße. Jetzt war es nicht mehr schwierig, dem Ford Ranger zu folgen. Wie bei zwei Liebenden hatten sich unsere Bewegungen nach dem anfänglichen Drängen beruhigt und aufeinander eingestellt. Chiquito hatte inzwischen den linken Arm auf Fontanas Lehne gelegt und sich eine Zigarette angezündet. Zu beiden Seiten der Straße sah man immer größere und luxuriösere Villen hinter schmiedeeisernen Gartentoren und kunstvoll beschnittenen Ligusterhecken. Kurz vor San Fernando bog der Ford Ranger ab und näherte sich dem Flussufer. Vor der Einfahrt in einen Bootsclub hielt Fontana an. Ein Stück hinter dem Ford im Taxi sitzend verfolgte ich durch das hinuntergelassene Seitenfenster, wie er sich mit dem Wachmann am Einlass unterhielt.

„Kann ich bitte Ihren Ausweis sehen?", fragte der Mann.

Die Antwort konnte ich nicht verstehen, aber der Mann wiederholte: „Ihren Ausweis, bitte."

Fontana ließ den Motor aufheulen. Als wollte er den Mann im nächsten Augenblick über den Haufen fahren.

Dessen Stimme verhärtete sich:

„Entschuldigen Sie, ich befolge nur meine Anweisungen."

„Wissen Sie überhaupt, mit wem Sie es zu tun haben?"

Fontana hielt ihm durchs Fenster etwas entgegen. Der Mann wich zurück und ließ den Schlagbaum hoch. Der Ford fuhr ein Stück auf das Gelände und hielt vor einem großen Blechschuppen.

Fontana setzte die schwarzen Halbschuhe auf den Zementboden, erst einen, dann den anderen. Chiquito Gold rutschte auf den Fahrersitz hinüber und legte die Hände ans Lenkrad. Ich bezahlte den Taxifahrer, stieg aus und lief hinter dem Wachhäuschen vorbei zu dem Schuppen. Drinnen brauchte ich eine Weile, um mich an das Halbdunkel zu gewöhnen. Durch die beiden einander gegenüberliegenden, angelehnten Türen drang ein wenig Licht herein. Auf Metallträgern lagerten die Boote übereinander, eine große Menge. Die Erinnerung an die Fotos aus Birkenau stieg in mir auf. Ein Haufen aufgestapelter Leichen. Daneben ein Haufen Schuhe. Und ein Haufen Brillen. Außer dem Hämmern in meinem Kopf war nichts zu hören. Bis auf einmal mit leisem Klicken erst die eine und gleich darauf die andere Tür ins Schloss fiel. Jetzt waren nur noch die fluoreszierenden Hinweisschilder über den Türen zu sehen. Als Nächstes vernahm ich das Geräusch sich nähernder Schritte. Ich saß in der Falle, jetzt gab es nur noch Fontana und mich. In der Dunkelheit ertastete ich ein Ruder. Ich griff danach und hielt es in die Höhe. Das Ziffernblatt einer Armbanduhr blitzte auf. Vielleicht zwei Meter entfernt. Dann noch einen. Da klingelte ein Handy. Bundesrichter Fontana fasste sich an die Jackentasche. Was er zu hören bekam, musste tatsächlich wichtig sein, denn er machte auf der Stelle kehrt und verließ den Schuppen durch die hintere Tür. Blendend hell schlug mir das Licht entgegen.

    Ich hörte, wie ein Motor angelassen wurde, und lief aus dem Schuppen. Als ich den Kai erreichte, entfernte sich ein Boot mit blauem Dach mit großer Geschwindigkeit vom Ufer.

Zwischen den anderen festgezurrten Schiffen hinterließ es eine weiß schäumende Kielspur.

Ich griff nach meinem Handy und rief ein Bootstaxi an.

Eine Stunde später stand ich immer noch da und starrte schläfrig auf die rostigen Dosen, Mülltüten und Plastikbehälter hinab, die sich in dem öligen dunklen Wasser zu meinen Füßen angesammelt hatten. Endlich erschien das Taxi, ein gelbes Boot mit Außenbordmotor. Der Besitzer half mir beim Einsteigen. Zwischen im Fluss treibenden Ästen hindurch schlängelten wir uns aufs offene Wasser hinaus. Wir überquerten den Río Luján und fuhren ein Stück den Río Sarmiento hinauf. Nach einer Weile erreichten wir die Einmündung des Río Espera. Am Ufer stand ein Mann in Uniform und gab uns durch Zeichen zu verstehen, dass wir langsamer fahren sollten. Wir blickten in die von ihm gewiesene Richtung. Dort hatten drei Polizeischiffe eine Absperrrung gebildet. Davor wartete bereits ein größeres Fährschiff. Als wir neben ihm lagen, rief dessen Kapitän uns zu, was passiert war: „Der Mann hat einfach nicht angehalten, obwohl sie ihn mehrmals dazu aufgefordert haben. Fast wäre er in uns hineingerast."

Er deutete auf eine nicht allzu weit entfernte Stelle.

Im roten Licht der hinter der dichten grünen Vegetation versinkenden Sonne ragte, vielleicht hundert Meter von uns, das Wrack von Fontanas Boot aus dem Wasser. Das blaue Dach war eingedrückt, der Rumpf von einem Stamm durchbohrt. Ringsumher trieben die Sitze.

34

Am nächsten Tag suchte ich Fotos vom Prozess gegen die Zwi Migdal aus meinen Unterlagen heraus. In der Hoffnung, ihnen wertvolle Informationen entnehmen zu können, eine Wahrheit, die mir bis jetzt entgangen war, sah ich sie mir sehr genau an. Die Angeklagten waren ausnahmslos höchst elegant gekleidet, was, wenn auch wahrscheinlich unbeabsichtigt, nur umso deutlicher darauf hinwies, dass sie in dem Moment, in dem sie fotografiert worden waren, vor Gericht standen. Die Namen waren kaum zu entziffern. Ich beschloss, mir vergrößerte Abzüge machen zu lassen. Kurz darauf ging ich die Avenida Santa Fe in Richtung Avenida Coronel Díaz entlang. An vielen Schaufenstern hingen Schilder: „Ausverkauf wegen Geschäftsaufgabe." Bettelnde Frauen. Kinder mit sich rasch leerenden Tüten voller Pommes Frites in den Händen. Ich betrat ein Fotogeschäft. Eine pausbäckige junge Frau lächelte mich an. Ich sah zu, wie sie die Fotos anderer Kunden in orangefarbene Umschläge steckte. Als ich an der Reihe war, betrachtete sie die Bilder. Die Grautöne würden vielleicht noch etwas dunkler werden, sagte sie.

Als ich zwei Stunden danach wieder in dem Geschäft erschien, sah ich mich besorgt nach der pausbäckigen Angestellten um. Ich hatte Angst, die Fotos könnten sich beim Vergrößern in Luft aufgelöst haben. Da trat die Frau hinter einem Vorhang hervor. Ich hielt ihr den Abholschein hin. Sie warf einen kurzen Blick darauf und öffnete eine Schublade voller orangefarbener Umschläge.

Zu Hause angekommen, schaltete ich das Radio an und verteilte die vergrößerten Fotos auf dem Küchentisch. Jetzt war wesentlich mehr zu erkennen: die Pelzjacken und halblangen Mäntel der Frauen, ihre Perlenketten. Die dunklen Krawatten und abweisenden Gesichter der Männer. Ich holte meine Lupe. Einer der Namen stach hervor: José Richter. Es traf mich wie ein Blitz, ich konnte es nicht fassen. Als ich mich wieder ein wenig beruhigt hatte, durchwühlte ich meine Aktenordner, bis ich die entsprechende Karteikarte gefunden hatte: „Ausgelöst wurde der Prozess gegen die Zwi Migdal durch die Anzeige Raquel Libermans gegen José Richter. In der Anzeige behauptete sie, die Mitglieder dieser Gesellschaft hätten sich zusammengetan, um geschäftsmäßig Prostitution zu betreiben." Es ist immer wieder das Gleiche: Das Leben ahmt die Kunst weit mehr nach als die Kunst das Leben. Fontana war José Richters Enkel. Die Kette, die nie abreißt.

In jedem Leben überschneiden sich zahllose andere Leben. Auch jetzt schien die Gegenwart durchströmt von der Vergangenheit. Richter Fontana hatte den letzten Schritt vollzogen, die äußerste Grenze überquert. Das machte es mir möglich, mich umzudrehen und den zurückgelegten Weg noch einmal in Ruhe ins Auge zu fassen. Mir fiel wieder ein, was er beim Abschied im Gerichtsgebäude gesagt hatte. Damals hatte ich es nicht verstanden, aber jetzt wurde mir durch seine Worte Vieles klarer: „Die Offenbarung gibt es nicht für alle. Nicht alle wollen ganz nach oben, nur eine Elite will das. Wer zu dieser Elite gehört, der richtet seine ganze Kraft auf dieses Ziel. Für ihn gibt es keine Grenze." Fontana war solch ein Mensch. Die Gesellschaft, die er mit Chiquito Gold gebildet hatte, arbeitete nach dem Modell der Zwi Migdal, nur beschafften sie sich die jungen Frauen, die sie für ihr Geschäft brauchten, jetzt nicht mehr aus Polen, sondern aus der argentinischen Provinz und aus der Umgebung von Buenos Aires. Meistens, indem sie falsche Versprechungen machten. Zu ihrem Jagdgebiet gehörten auch Partys oder Fitnessstudios, wie das, wo Débora trainiert hatte. Dass auch Débora ihnen ins Netz gegangen war, war kein bloßer Betriebsunfall – im Gegenteil, es folgte einem geradezu klassischen Muster: Sie hatte sich verliebt.

Während ich noch mit diesen Gedanken beschäftigt war, fingen im Radio die Nachrichten an. Der Sprecher berichtete von einem Unfall im Deltagebiet. Die beiden Insassen eines Motorboots waren verschwunden.

Da klingelte das Telefon. Es war Lea.

„Weißt du, was passiert ist?", sagte sie.

35

Lauter unbekannte Gesichter. Aber der Himmel war weiß und die Sonne schien zwischen den Bäumen hindurch. Wir betraten den Friedhof. Männer in Anzügen und mit Hüten auf dem Kopf. Frauen mit Perücken. Ich fragte Lea, ob sie Chiquito Golds Witwe kenne. Deren Blutdruck sei wieder einmal so hoch, dass sie nicht kommen könne, sagte sie, Débora sei die einzige Familienangehörige unter den Trauergästen. Als wir an der Menora vorbeigingen, berührte Lea sie mit den Fingerspitzen und sagte, diese Menora sei ein echtes Wunder, einmal habe sie mit nur wenigen Tropfen Öl sieben Tage lang gebrannt. Chiquito Golds Körper wurde in den Waschraum gebracht, wo er vom Kopf bis zu den Füßen gereinigt und anschließend in ein Leichentuch gehüllt wurde. Der kleine Wagen suchte sich zwischen den Zypressen hindurch seinen Weg zu der offenen Grabstelle.

Zehn Männer umstanden das Grab. Der *chasn* sagte, wir seien hier versammelt, um von einem guten Menschen Abschied zu nehmen. „Weint nicht über den, der da geht", sagte er, „sondern tröstet die Hinterbliebenen." Als er fertig war, bat er Débora, mit ihm das Kaddisch zu sprechen. Débora las mit erstickter Stimme von einem Zettel ab, über Gottes Gerechtigkeit und die Bedeutung des Lebens. Sie hatte nicht wissen können, dass sie, indem sie Willie kennenlernte, auf eine Geschichte traf, die ihr Vater stets sorgfältig geheim gehalten hatte. Oder wusste sie, welche Beziehung zwischen ihrem Vater und Fontana bestand? Und warum hatte Chiquito Gold ausgerechnet mich mit der Suche nach seiner Tochter beauftragt? Hatte Osvaldo Caro ihr geholfen? Welche Rolle war mir bei alldem zugefallen? Fragen, auf die es keine Antwort mehr geben würde. Keine Antwort ist auch eine Antwort. *Kain entfer iz ouch an entfer.* Lauter unbekannte Gesichter. Aber der Himmel war weiß, die Erde dunkel, und die Sonne schien zwischen den Bäumen hindurch.

Ich trat an die Grabstelle. Der *chasn* schnitt ein Stück von Déboras Aufschlag ab. Einer nach dem anderen warfen die Trauergäste eine Handvoll Erde ins Grab. Ich ließ ein paar Steine hineinfallen. Dabei dachte ich an Fontana. In allen Zeitungen war sein Foto zu sehen gewesen. Der kahle Schädel ohne Wimpern und Brauen, aber mit auffällig hochgezogenen Mundwinkeln. Was ihm ein ironisches Aussehen verlieh. Aber der Richter hatte schon seit langem jeden Sinn für Ironie verloren. Schon seit Jahren – die letzten Wochen waren für ihn wie Jahre gewesen. Von Tag zu Tag war er hinfälliger geworden. Jetzt, in diesem Augenblick, wurde auch er begraben, auf einem Friedhof an der Panamericana.

Lea hatte mit gesenktem Kopf an der Zeremonie teilgenommen. Nun lief sie zwischen den Gräbern umher und suchte nach den Namen von Verwandten oder Bekannten. Friedhof heißt auf Hebräisch auch *olam ha-emet*, Ort der Wahrheit. Eine Wahrheit, an die ich nicht mehr herankommen konnte, der Tod hatte sie mir geraubt. Chiquito Golds Leichnam lag gewaschen und in ein sauberes Tuch gewickelt unter der Erde, und doch würden sein Haar und seine Nägel noch eine Zeitlang weiterwachsen – das Ritual war beendet, das Leben noch nicht. Die zehn Männer traten von der Grabstelle zurück. Blumenkränze bedeckten die Erde. Ich verabschiedete mich vom *chasn* und betrachtete eine Weile die Reihen der Zypressen und die Rücken der Männer, die sich in Richtung Friedhofsausgang entfernten. Dann umarmte ich Débora. Eine Zahnspange trug sie nicht mehr. Hiermit ist mein Auftrag beendet, sagte ich mir. Vielleicht hätte Chiquito Gold mich gar nicht gebraucht. Andererseits war er bestimmt nicht der Erste, der es vorzieht, sich dem, was er nicht wissen möchte, nicht unmittelbar auszusetzen.

Ich wartete, bis Lea ihren Gräberrundgang beendet hatte. Alle, die hier unter der Erde lagen, hatten nichts als einen Beutel mit ein paar Habseligkeiten dabei und trugen die Welt auf der Zungenspitze. Eines Tages würde ich ihnen Gesellschaft leisten. Auf dem Weg zum Ausgang saßen mehrere Tauben mit dunklen Flecken auf den Flügeln. Sie rührten sich nicht von der Stelle, auch nicht als wir sie fortscheuchen wollten, um den Wagen zu besteigen. Wieder suchten wir uns zwischen den Zypressen hindurch unseren Weg. Am Ausgang angekommen, stiegen wir vom Wagen. Lea gab dem Fahrer ein Trinkgeld, ging zu dem Computerbildschirm und machte sich erneut auf die Suche nach einer Grabstelle. Ich setzte mich solange auf eine Bank. Irgendwann ließ sich ein Mann in einem marineblauen Sakko und mit *jarmulke* auf dem Kopf neben mir nieder. Er hatte verweinte Augen.

„Ruth Epelbaum?"

„Ja."

„Die jiddische Detektivin?"

Ich nickte.

Der Mann sah sich um.

„Es geht um meine Frau", sagte er.

Originalausgabe

SANGRE KOSHER

© 2009 María Inés Krimer

© 2009 Aquilina Ediciones

„Dieses Werk wurde im Rahmen des ‚Sur'-Programms zur Förderung von Übersetzungen des Aussenministeriums der Republik Argentinien verlegt."
„Obra editada en el marco del Programa ‚Sur' de Apoyo a las Traducciones del Ministerio de Relaciones Exteriores, Comercio Internacional y Culto de la República Argentina."

1. Auflage 2014

© diaphanes, Zürich-Berlin

www.diaphanes.net

Alle Rechte vorbehalten

Satz und Layout: 2edit, Zürich

Druck: Steinmeier, Deiningen

ISBN 978-3-03734-492-7